백기호 목사가 전하는
바다의 샘

백기호 목사의 다른 책들:
동산의샘, 종려가지, 2025
생명의샘, 종려가지, 2025
깊음의샘, 종려가지, 2025
축복의원리 42, 종려가지, 2023
주님의 소리, 종려가지, 2023
복음의 소리, 종려가지, 2023
큰 나팔의 소리, 종려가지, 2023
탄식의 소리, 종려가지, 2022
세미한 소리, 종려가지, 2022
하늘의 소리, 종려가지, 2021
성령의 소리, 종려가지, 2021
광야의 소리, 종려가지, 2021
딱! 100일만 성령님과 동행합시다, 종려가지, 2020
바벨론과 새 예루살렘, 소리, 종려가지, 2019
보혜사의 축복을 받자, 종려가지, 2019
하나님의 예비하신 것, 종려가지, 2018
복음의 7대 연합, 7대 명절의 축복, 종려가지, 2018
매일 양식을 나누어 주는 자, 종려가지, 2018
성령의 나타남 10주제, 종려가지, 2018
이름 없이 빛도 없이

백기호 목사가 전하는 **바다의 샘**

1판 인쇄일 2025년 10월 23일
1쇄 발행일 2025년 10월 30일

지은이 _ 백기호
펴낸이 _ 한치호
펴낸곳 _ 종려가지
등 록 _ 제311- 2014000013호(2014. 3. 21)
주 소 _ 서울특별시 은평구 은평로 14길 9 - 5
전 화 _ 02. 359. 9657
디자인 _ 표지 이순옥/ 내지 구본일
제작대행 세줄기획(02.2265.3749)
영업(총판) 일오삼 전화_ 02. 964.6993 팩스 2208.0153

값 15,000 원

ISBN 979-11-992100-8-0

ⓒ 2025, 백기호 / 저자 연락처 010- 7362- 3593

잘못 만들어진 책은 구입하신 서점에서 바꾸어 드립니다. 책의 주문 및 영업에 대한
문의는 영업대행으로 해주십시오. 문서사역에 대한 질문은 010. 3738. 5307로 해주십시오.

예수 보혈의 생수를 마심으로
성결과 거룩함을 입어
영생을 누릴 수 있는
주님의 순결한 신부가 되자

백기호 목사가 전하는

바다의 샘

문서사역
|종|려|가|지|

머리말

잠언 8:28은 바다의 샘과 관련하여 하나님의 창조와 지혜를 나타냅니다. "그가 위로 하늘을 굳게 세우시며 바다의 샘들을 힘 있게 하실 때에 내가 거기 있었노라."고 말합니다.

푸른 바다 아래, 눈에 보이지 않는 샘이 솟아나듯, 우리 삶 속에도 끝없이 솟아나는 영감과 깨달음이 있습니다. 때로는 거대한 파도처럼 몰아치고, 때로는 잔잔한 물결처럼 다가오는 삶의 순간들은 우리 내면의 깊은 곳을 채우는 소중한 샘물과 같습니다.

이 책은 바로 그 바다의 샘을 찾아 떠나는 여정입니다. 각 장에 담긴 이야기는 당신의 마음속에 새로운 샘을 발견하게 하고, 그 물을 길어 올릴 용기를 북돋아 줄 것입니다. 우리 함께 이 신비로운 바다로 뛰어들어 보물 같은 순간들을 만끽하길 바랍니다.

이 구절은 지혜가 의인화되어 하나님의 창조 사역에 동참했음을 보여줍니다. 여기에서 '바다의 샘들'은 바다의 깊은 근원이나 지하수를 의미하며, 이는 대홍수 사건(창세기 7:11)에서 "깊음의 샘들이 터진" 것과 연결됩니다.

- 창세기 1:9: "하나님이 이르시되 천하의 물이 한 곳으로 모이고 뭍이 드러나라 하시니 그대로 되니라." 이 구절은 바다와 땅이 분리되는 창조 과정을 묘사합니다.
- 욥기 38:8: "바다가 그 모태에서 터져 나올 때에 문으로 그것을 가둔 자가 누구냐." 이 구절은 바다의 근원을 묘사하며, 창조주가 바

다를 통제하고 있음을 강조합니다.

이 구절들은 잠언 8:28과 함께 하나님이 물을 통제하시고 바다의 근원을 만드셨음을 나타냅니다.

'지혜'는 곧 예수 그리스도를 상징합니다. 고린도전서 1장 24절은 "그리스도는 하나님의 능력이요 하나님의 지혜니라"고 말합니다. 따라서 잠언 8장 28절은 예수님께서 창조 사역에 함께 하셨음을 증거합니다.

- 요한복음 1:3: "만물이 그로 말미암아 지은 바 되었으니 지은 것이 하나도 그가 없이는 된 것이 없느니라." 이 구절은 예수 그리스도가 모든 창조물의 근원임을 분명히 합니다.
- 골로새서 1:16: "만물이 그에게서 창조되되 하늘과 땅에서 보이는 것들과 보이지 않는 것들과 혹은 보좌들이나 주관들이나 통치자들이나 권세들이나 만물이 다 그로 말미암아 그를 위하여 창조되었고." 이 구절은 예수 그리스도가 창조의 주체이자 목적임을 강조합니다.

성령의 능력으로 깊은곳까지 깨닫게 하시는 지혜와 계시의 정신을 부어 주셔서 하나님의 세계를 밝히고 샘들이 되시기를 축복합니다.

강원도 평창, 종부교회

지극히 작은 자보다 더 작은 자

백기호 목사

차 례

머리말 4

바다의 샘 💧
– 구약 메시지

1. 축복의 대헌장」 1:28 11
2. '여호와' 이름의 뜻」 창 4:26 15
3. 두려워 말라」 수 1:9 21
4. 어머니의 기도」 삼상 1:10 25
5. 하나님을 앞에 모신 자의 복」 시 16:8 28
6. 마음의 소원」 시 37:4 30
7. 내 영혼아 하나님을 바라라」 시 42:5 35
8. 내게는 주 밖에 없네」 시 73:25 38
9. 천사의 보호」 시 91:10-12 42
10. 나의 도움이 어디서 올까?」 시 121:1-2 45
11. 그를 인정하라」 잠 3:6-7 51
12. 현대인의 질병」 잠 13:14 54
13. 듣는 귀」 잠 20:12 60
14. 함께 가자」 아 2:10 63
15. 나는?」 아 7:10 67
16. 열쇠」 사 22:22 71

17. 인간과 과학기술」 사 40:26 74
18. 죄와 더러움을 씻는 샘」 슥 13:1 77
19. 여호와를 알자」 호 6:3 81

바다의 샘
- 신약 메시지

1. 영적 싸움」 마 4:1 87
2. 예수님의 이름 권세=천국 열쇠」 마 16:19 93
3. 바로 알고, 바로 믿고, 바로 살라」 마 22:29 97
4. 육신을 이기는 자」 마 26:41 100
5. 에바다」 막 7:34 104
6. 좋은 것을 주시는 아버지」 눅 11:13 108
7. 참 좋은 친구」 요 3:29 113
8. 찾으시는 자」 요 4:23-24 117
9. 베데스다」 요 5:1-2 120
10. 유대인과 예수님의 갈등」 요 5:18 123
11. 죄 없는 자가 먼저 돌로 치라」 요 8:7 126
12. 선한 목자 예수」 요 10:11 131
13. 예수만이 해답, 정답, 응답」 행 16:30-31 137
14. 오직 믿음」 롬 1:17 142
15. 넘어야 할 강」 롬 7:24 147
16. 결코 정죄함이 없나니」 롬 8:1 152
17. 영으로써」 롬 8:13 155

18. 의롭다 하심」롬 8:30 159
19. 거룩한 입맞춤」롬 16:16 164
20. 장성한 그리스도인」고전 13:11 168
21. 두 인격」고전 15:49 170
22. 성령의 충만함을 받으라」엡 5:18 174
23. 편지, 문서, 문자」골 1:2 180
24. 신령한 지혜」골 1:9 184
25. 지혜를 구하라」약 1:5 187
26. 자기기만의 함정」약 1:22~24 190
27. 내일 일은 난 몰라요」약 4:14 193
28. 말세에 나타난 사탄의 계략」벧전 5:8 196
29. 이기는 자」계 3:12 201

백기호목사가 전하는

바다의 샘

구약 메시지

축복의 대헌장

창 1:28,
하나님이 그들에게 복을 주시며 그들에게 이르시되 생육하고 번성하여 땅에 충만하라, 땅을 정복하라, 바다의 고기와 공중의 새와 땅에 움직이는 모든 생물을 다스리라 하시니라.

아담의 축복의 대헌장: 생육, 번성, 충만, 정복, 다스림,
창세기 1:28의 말씀은 흔히 '아담의 축복의 대헌장'이라고 불립니다. 이 구절은 단순히 인류의 번성과 자연에 대한 통치권을 넘어, 훨씬 더 깊고 신령하며 창조적인 의미를 담고 있습니다.

생육(Be Fruitful)

'생육'은 단순히 자녀를 낳는 것을 넘어, 우리의 삶 속에서 영적, 정신적, 물질적으로 풍성한 열매를 맺는 것을 의미합니다. 이는 하나님이 주신 잠재력을 최대한 발휘하여 긍정적인 결과와 가치를 창출하는 것을 뜻합니다.
우리가 어떤 분야에서든 재능과 은사를 활용하여 좋은 영향력을 발휘하고, 선한 변화를 만들어 내는 것이 바로 '생육'의 신령하고 창조적인 해석입니다. 예를 들어, 예술가는 아름다운 작품을 통해 영감을 주

고, 과학자는 새로운 지식을 탐구하여 인류 발전에 기여하며, 교육자는 다음 세대를 양육하는 것 모두 생육의 한 형태라고 할 수 있습니다.

번성(Multiply)

'번성'은 생육의 결과가 확장되고 확산되는 것을 나타냅니다. 이는 우리가 맺은 열매들이 단순히 개인적인 차원에 머무는 것이 아니라, 다른 사람들에게도 영향을 미치고 더 큰 규모로 확산되는 것을 의미합니다.

영적으로 번성한다는 것은 우리의 믿음과 사랑이 공동체 전체에 퍼져 나가고, 정신적으로 번성한다는 것은 우리의 지혜와 통찰력이 많은 이들에게 공유되는 것을 뜻합니다. 물질적인 번성 역시 단순히 부의 축적이 아니라, 그 부를 통해 더 많은 선을 행하고 사회에 기여하는 방향으로 나아가는 것입니다. 이는 긍정적인 파급효과를 창출하여 세상에 빛을 비추는 것을 의미합니다.

충만(Full the Earth)

'충만'은 단순히 땅을 채우는 것을 넘어, 우리가 가진 잠재력과 은사를 통해 세상 곳곳에 하나님의 선한 영향력을 가득 채우는 것을 의미합니다. 이는 우리가 있는 곳에서 최선을 다해 자신의 역할을 수행하고, 긍정적인 에너지를 확산하며, 사랑과 정의가 넘치는 세상을 만들어가는 것을 뜻합니다.

우리의 삶이 하나님의 영광을 드러내고, 그분의 뜻이 이 땅에 실현되도록 노력하는 것이 바로 '충만'의 신령하고 창조적인 해석입니다. 우리가 세상의 빛과 소금으로서 각자의 자리에서 선한 일을 행할 때, 세상은 점차 하나님의 뜻으로 충만해질 것입니다.

정복(Subdue It)

'정복'이라는 단어는 때때로 오해를 불러일으키기도 하지만, 성경적 맥락에서는 무질서와 혼돈을 질서와 조화로 바꾸는 것을 의미합니다. 이는 세상의 악과 불의에 맞서 싸우고, 우리 자신과 주변의 부정적인 요소들을 다스려 선한 방향으로 변화시키는 것을 뜻합니다.

육적인 욕망, 죄의 유혹, 그리고 세상의 부조리함을 정복하고, 영적 성숙과 인격적 완성을 통해 더욱 아름다운 세상을 만들어가는 것이 바로 '정복'의 신령하고 창조적인 해석입니다. 이는 단순히 힘으로 억압하는 것이 아니라, 지혜와 사랑으로 세상을 치유하고 회복시키는 과정입니다.

다스림(Have Dominion)

'다스림'은 단순히 자연을 지배하는 것이 아니라, 하나님의 청지기로서 피조세계를 돌보고 보존하는 책임을 의미합니다. 이는 우리가 가진 자원과 재능을 지혜롭게 사용하여 환경을 보호하고, 모든 생명체를 존중하며, 지속 가능한 미래를 만들어가는 것을 뜻합니다.
또한, 우리 자신을 다스려 절제된 삶을 살고, 우리의 생각과 감정을 하나님의 뜻에 따라 통제하는 것도 다스림의 중요한 부분입니다. 이는 책임감 있는 통치와 사랑으로 섬기는 리더십을 발휘하여 모든 것이 조화를 이루도록 돕는 신령하고 창조적인 행위입니다.

아담의 축복의 대헌장은 단순히 과거의 명령이 아니라, 오늘날 우리 각자의 삶 속에서 끊임없이 실현되어야 할 하나님의 위대한 비전입니다. 이 말씀은 우리가 주어진 삶을 수동적으로 살아가는 것이 아니라, 적극적으로 하나님의 뜻을 이루고 세상에 긍정적인 변화를 가져오는 존재가 되라는 강력한 부르심입니다.
- 노아=창 9:1, 아브라함=창 12:2, 이삭=창 28:3, 야곱=창 35:11

우리는 이러한 축복을 통해 세상의 어둠을 밝히고, 하나님의 사랑을 전하며, 궁극적으로는 그분의 영광을 드러내는 삶을 살 수 있습니다. 말세지말을 살아가는 거룩한 그리스도의 신부들이여, 오늘 이 하루도 이 말씀을 현실로 나타내는 시간 들이 되시기를 축복합니다.

'여호와' 이름의 뜻

창 4:26
셋도 아들을 낳고 그 이름을 에노스라 하였으며 그 때에 사람들이 비로소 여호와의 이름을 불렀더라.

"여호와"는 기념 칭호입니다. "만군의 하나님 여호와시라."
다윗은 여호와 하나님을 만나 평생 여호와의 이름의 축복을 누리며 승리하며 살았습니다.
시편 23편은 다윗이 하나님을 만나 체험하고 누렸던 여호와 하나님의 이름들을 서술하고 있습니다.

☆하나님의 이름들과 뜻
1) 여호와 로이=나의 목자
시 23:1, "여호와는 나의 목자시라."라는 뜻이다.

2) 여호와 이레=준비하신 하나님(창 22 : 13-14,)
여호와께서 친히 준비하신다.
시 23:1, "내가 부족함이 없으리로다."

3) 여호와 샬롬=평안을 주시는 하나님

삿 6:24, 여호와는 평안을 주신다.

요 14:27, "평안을 너희에게 끼치노니 곧 나의 평안을 너희에게 주노라 내가 너희에게 주는 것은 세상이 주는 것과 같지 아니하니라 너희는 마음에 근심하지도 말고 두려워하지도 말라."

시 23:2, "나를 푸른 초장에 눕게 하시며 잔잔한 물가로 인도하시도다."

4) 여호와 라파=치료하신 하나님

출 15:26, 여호와께서 치료하신다.

- 죄를 용서하신 하나님
- 마음을 치료하신 하나님(말 4:5-6)
- 관계를 치료하신 하나님(하늘에 계신 우리 아버지와 땅에 있는 하나님 자녀들과의 관계 회복)
- 육신(각색 질병)을 치료하신 하나님

시 23:3, "내 영혼을 소생시키시며."

5) 여호와 치두케누=공의로우신 하나님

렘 23:6, "여호와 우리의 공의라 일컬음을 받을 것이라."

시 23:3, "자기 이름을 위하여 우리를 의의 길로 인도하시는도다."

6) 여호와 삼마=여기 계신 하나님

겔 48:35, "그 성읍의 이름을 삼마라 하리라."

시 23:4, "내가 사망의 음침한 곳을 다닐지라도 해를 두려워하지 않을 것은 주께서 나와 함께 하심이라."

7) 여호와 닛시=여호와의 승리

출 17:8-16, "여호와께서 아말렉과 더불어 대대로 싸우리라 하셨음이라."

- 여호와 닛시=승리의 깃발

시 23:5, "주께서 내 원수의 목전에서 상을 차려 주시고 기름을 내 머리에 부으셨으니 내 잔이 넘치나이다."
고전 15:57, "우리 주 예수 그리스도로 말미암아 우리에게 승리를 주시는 하나님께 감사하노니"

8) 예수

마 1:21, "그가 자기 백성을 저희 죄에서 구원할 자이심이라."

9) 그리스도=기름 부음을 받은 자
- 왕
- 대제사장
- 선지자

10) 만왕의 왕, 만주의 주(창조주, 심판자)

11) 메시아=구원자

12) 임마누엘=하나님이 우리와 함께 계시다.

마 1:23, "보라 처녀가 잉태하여 아들을 낳을 것이요 그의 이름은 임마누엘이라 하리라 하셨으니 이를 번역한즉 하나님이 우리와 함께 계시다 함이라."

중보자=하나님과 사람 사이에 중보하신 예수

딤전 2:5, 하나님은 한 분이시요 또 하나님과 사람 사이에 중보자도 한 분이시니 곧 사람이신 그리스도 예수라.
히 9:15, 그(예수)는 새 언약의 중보자시니 이는 첫 언약 때에 범한 죄에서 속량하려고 죽으사 부르심을 입은 자로 하여금 영원한 기업의 약속을 얻게 하려 하심이라.
갈 3:20, 그 중보자는 한 편만 위한 자가 아니니 하나님은 한 분이시니라.

말씀

요 1:14, 말씀이 육신이 되어 우리 가운데 거하시매 우리가 그의 영광을 보니 아버지의 독생자의 영광이요 은혜와 진리가 충만하더라.

- 시편 23편에서 나오는 여호와로 칭하는 모든 이름들이 바로 말씀이 육신이 되어 이 땅에 오신 [예수 그리스도]이시며 예수 그리스도 안에는 구원과 지혜와 권세와 능력과 영광과 은혜와 진리가 충만하더라.

시편 23편에서 다윗이 여호와 하나님을 만나서 체험하며 누렸던 모든 것들과 같이 오늘날에도 우리가 예수 그리스도를 만남으로
다윗이 체험하고 누렸던 것과는 비교할 수 없는
예수님의 십자가의 속죄의 사랑을 입고,
구원의 은혜를 받아 영광스러운 나라에 대한 소망을 품고 기뻐하며
성령님의 내주하신 은총으로 거룩함을 입고,
지혜와 계시의 정신을 부음 받아 마음눈이 밝아져
예수님의 영광과 권세와 능력과 사랑과 은혜를
날마다 체험하며 살게 됨이라.

여호와의 이름 종류와 뜻

'여호와'(YHWH)란 발음은 히브리어 자음에 아도나이의 모음을 붙여 만들어진 이름으로 야훼가 정확한 발음입니다.
하나님께서 약속하신 언약의 이름의 종류는 다음과 같습니다.

1. 야훼(여호와): 항상 살아계시며 스스로 존재하신다.(출 3:14)
2. 여호와 이레: 여호와께서 준비하신다.(창 22:13~14)
3. 여호와 라파: 치료하시는 하나님(출 15:26)
4. 여호와 닛시: 여호와는 나의 깃발(출 17:15)
    -나의 힘이 되신 여호와(시 18:1)
5. 여호와 샬롬: 여호와는 나의 평강(삿 6:24)
6. 여호와 로이: 여호와는 나의 목자(시 23:1)
7. 여호와 삼마: 여호와가 거기 계신다(겔 48:35)
8. 여호와 치두케누: 여호와는 우리의 의(렘 23:6)
9. 여호와 메카디쉬켐: 거룩하게 하시는 하나님(출 31:13, 레 20:8)
10. 여호와 나케: 벌하시는 하나님 치시는 하나님(겔 7:9)
11. 여호와 엘 게물로트: 보복의 하나님(렘 51:56)
12. 여호와 체바오트: 만군의 하나님(삼상 1:3)
13. 여호와 사바욧: 만군의 여호와(시 24:10)
14. 엘올람 영원하신 하나님(사 40:28)
15. 엘로이: 감찰하시는 하나님(창 16:13)
16. 엘로힘: 전능하신 하나님
17. 아도나이: 주인 되신 하나님

18. 엘샤다이: 전능하신 하나님
19. 에벤에셀 하나님: 여기까지 인도하신 하나님(삼상 7 : 12)
20. 임마누엘: 우리와 함께하신 하나님 (마 1 : 23)(마 28 : 20)

우리 하나님은 자기 이름을 위하여 우리 영혼을 소생시키시고 우리를 의의 길로 인도하시는도다.(시 23:3)
롬 10:13, 누구든지 주의 이름을 부르는 자는 구원을 얻으리라.

두려워 말라

수 1:9,
내가 네게 명한 것이 아니냐 마음을 강하게 하고 담대히 하라 두려워 말며 놀라지 말라 네가 어디로 가든지 네 하나님 여호와가 너와 함께 하느니라 하시니라.

여호수아의 믿음은 하나님의 약속을 전적으로 신뢰하는 것에서 비롯되었습니다. 그는 모세의 뒤를 이어 이스라엘 백성을 이끌고 약속의 땅 가나안에 들어가야 하는 막중한 임무를 맡았습니다.
이 임무는 결코 쉽지 않았습니다. 강력한 가나안 족속들이 있었고, 광야 40년 동안 불평과 불신으로 가득했던 백성들을 통솔해야 했습니다.
이러한 상황 속에서 하나님은 여호수아에게 "강하고 담대하라"는 말씀을 반복해서 주셨습니다(수 1:6, 7, 9, 18). 이 말씀은 단순히 용기를 내라는 격려를 넘어, 하나님께서 그와 함께하시며 모든 어려움을 극복하게 하실 것이라는 확고한 약속이었습니다. 여호수아는 이 약속을 굳게 붙잡았습니다.
여호수아의 믿음이 잘 드러나는 몇 가지 예시는 다음과 같습니다:

- 요단강 도하: 불어난 요단강 앞에서 이스라엘 백성은 두려워할 수밖

에 없었지만, 여호수아는 하나님의 명령에 따라 제사장들에게 언약궤를 메고 강으로 들어가게 했습니다. 그리고 강물은 갈라져 마른 땅이 나타나는 기적이 일어났습니다. 이는 하나님의 능력을 전적으로 믿고 순종하는 믿음의 결과였습니다.

- 여리고성 함락: 견고한 여리고성을 무너뜨리는 방법은 인간적인 지혜로는 이해할 수 없었습니다. 그저 성 주위를 돌고 소리를 지르는 것이었지만, 여호수아는 하나님의 명령에 의심 없이 순종했습니다. 결국 여리고성은 무너졌고, 이는 인간의 한계를 뛰어넘는 하나님의 역사를 믿는 그의 믿음을 보여줍니다.

- 아이성 전투: 첫 번째 아이성 전투에서 패배했을 때 여호수아는 낙심했지만, 하나님께서는 그의 죄를 지적하시고 다시 승리하게 하셨습니다. 이를 통해 여호수아는 실패 속에서도 하나님을 의지하고 순종하는 법을 배웠습니다.

여호수아의 믿음은 단순히 용기가 아니라, 하나님의 말씀에 대한 확신과 그 말씀에 대한 변함없는 순종이었습니다. 그는 하나님이 약속하신 것을 반드시 이루신다는 것을 믿었고, 그 믿음을 바탕으로 이스라엘 백성을 약속의 땅으로 인도할 수 있었습니다.

이러한 그의 믿음은 오늘날 우리에게도 큰 교훈과 도전을 줍니다. 어떤 상황 속에서도 '두려워 말라'는 하나님의 음성을 듣고 그분을 신뢰하며 나아가는 삶이 바로 여호수아의 믿음입니다.

마 10:28, 몸은 죽여도 영혼은 능히 죽이지 못하는 자들을 두려워하지 말고 오직 몸과 영혼을 능히 지옥에 멸하실 수 있는 이를 두려워하라.

살쾡이가 다람쥐를 잡는 방법은 위협적인 소리나
재빠른 공격이 아니라, 단지 매서운 눈으로
쏘아보는 것이라고 합니다. 그러면 다람쥐는
그 자리에서 꼼짝 못하고 얼어붙어 있다가
땅에 엎드려 있는 살쾡이 앞에 뚝 떨어져
먹이가 된다고 합니다.
두려워하지 않아도 될 것을 두려워하는 순간
모든 것이 정체되면서 괴멸하게 됩니다.
두려워해야 할 대상을 구분하는 것은
생명을 구원하는데 매우 중요합니다.

박해하며 비난하는 자들과(마 10:26) 몸은 죽일지라도 영혼은 죽이지 못하는 자들을 두려워하지 말고(마 10:28),
푼돈에 팔리는 참새도 아버지께서 허락하지 아니하시면' 땅에 떨어지지 않으니, 우리의 머리카락까지 다 세고 계신 분만을 두려워하라(마 10:31)고 말씀하십니다.
예수 그리스도의 제자로, 복음 전파자로 살기 원한다면 두려움에 머물러 있어서는 안 됩니다.

마 10:39, 자기 목숨을 얻는 자는 잃을 것이오 나를 위하여 자기 목숨을 잃는 자는 얻으리라.

말씀을 믿고 용기 있게 행해야 합니다. 두려움을 극복할 수 있는 방법은 역설적이게도 또 다른 두려움입니다. 우리의 몸과 영혼의 주관자이신 하나님만을 두려워하는 것입니다. 그렇지 않으면 하나님 외의 모든 것이 두려움으로 다가와 삶이 늘 고달플 수밖에 없습니다.
이 세상의 어느 사람도 몸과 영혼을 모두 멸할 존재는 없습니다. 하나님께 귀하게 여김 받는 존재인 우리는 복되고 기쁜 날 오직 하나님만 경외할 수 있기를 간절히 소망합니다.

하나님, 우리가 이제까지 두려워했던 잘못된 대상들을 주님의 능력에 힘입어 떨쳐 버리게 하옵소서. 우리 삶의 진정한 주인 되시고, 언제라도 몸만이 아닌 영혼까지라도 멸하실 수 있는 하나님만을 두려워함으로 자유하게 하시옵소서.
주 예수 그리스도의 이름으로 기도 합니다. 아멘.

어머니의 기도

삼상 1:10,
한나가 마음이 괴로와서 여호와께 기도하고 통곡하며.

성경에는 어머니의 간절한 기도가 자녀의 삶에 얼마나 큰 영향을 미치는지 보여주는 감동적인 이야기들이 많이 있습니다. 이 기도들은 단순한 소원을 넘어, 깊은 사랑과 헌신, 그리고 하나님을 향한 굳건한 믿음에서 우러나오는 영적인 울림을 담고 있습니다.

기도의 힘을 보여주는 성경 속 어머니들

1. 사무엘의 어머니 한나
한나의 기도는 성경에 기록된 어머니의 기도 중 가장 대표적이며 강력한 사례 중 하나입니다. 자녀가 없어 고통받던 그녀는 성전에 올라가 하나님께 간절히 기도하며 서원합니다.

"주께서 여종에게 아들을 주시면 내가 그의 평생에 그를 여호와께 드릴 것이요 삭도를 그의 머리에 대지 아니하겠나이다."(삼상 1:11)

한나의 기도는 자신의 필요를 넘어, 하나님의 뜻을 구하고 자녀를 하나님께 온전히 드리고자 하는 헌신이었습니다. 이 기도로 사무엘이라는 위대한 선지자가 태어났고, 그의 삶은 이스라엘 역사에 지대한 영향을 미쳤습니다. 한나의 기도는 절망 속에서 피어난 믿음의 기도이자, 자신을 내려놓고 자녀를 하나님께 맡기는 헌신의 기도였습니다.

2. 모세의 어머니 요게벳

요게벳은 이스라엘 백성이 이집트의 노예로 고통받던 시절, 바로의 명령으로 모든 히브리 남자아이가 나일강에 던져지던 때에 모세를 낳았습니다. 그녀는 아들을 살리기 위해 석 달 동안 숨겨 키웠고, 더 이상 숨길 수 없게 되자 갈대 상자에 넣어 나일강에 띄웁니다.

이 행동은 단순한 포기가 아니라, 아들의 생명을 지키기 위한 어머니의 필사적인 기도이자 믿음의 행위였습니다. 강물에 아들을 띄우면서 그녀는 하나님께서 개입하시기를 간절히 바랐을 것입니다.

결국 모세는 바로의 공주에게 발견되어 극적으로 살아남았고, 이스라엘 민족을 구원하는 위대한 지도자가 되었습니다. 요게벳의 기도는 극한 상황 속에서도 포기하지 않는 끈기와 자녀를 향한 희생적인 사랑을 보여줍니다.

3. 예수님의 어머니 마리아

마리아는 예수님을 잉태했을 때부터 그의 십자가 죽음과 부활을 목격하기까지, 믿음과 순종의 삶을 살았습니다. 그녀의 삶 자체가 하나님께 드려진 끊임없는 기도였습니다.

특히 예수님이 십자가에 못 박히셨을 때, 어머니로서 감당할 수 없는 고통 속에서도 그 자리를 지켰습니다. 마리아의 기도는 하나님의 뜻에 대한 절대적인 순종이자, 자녀의 고통을 함께 짊어지는 깊은 사랑의 기도였습니다.

어머니의 간절한 기도가 갖는 의미

이 기도는 자녀의 삶에 깊은 뿌리를 내리는 영적인 유산입니다.

- 변화시키는 힘: 어머니의 기도는 자녀의 인생 행로를 바꾸고, 어려운 상황을 극복하게 하며, 심지어 영적인 구원에 이르게 하는 놀라운 힘을 가지고 있습니다.
- 사랑과 헌신의 증거: 어머니의 기도는 자녀를 향한 조건 없는 사랑과 깊은 헌신을 가장 잘 나타내는 표현 방식입니다.
- 영적인 연결고리: 어머니의 기도는 자녀와 하나님 사이의 영적인 연결고리를 강화하며, 자녀가 하나님 안에서 성장하도록 돕습니다.
- 대속적 중보: 때로는 자녀가 스스로 기도할 수 없을 때, 어머니의 기도가 자녀를 대신하여 하나님 앞에 나아가는 대속적인 중보의 역할을 하기도 합니다.

성경 속 어머니들의 간절한 기도는 오늘날 우리에게도 큰 울림을 줍니다. 자녀를 위한 우리의 기도가 단순히 소원을 나열하는 것을 넘어, 오늘 이 하루도 우리에게 맡겨주신 자녀를 위한 기도가 한나처럼 헌신하고 요게벳처럼 포기하지 않으며 마리아처럼 순종하는 믿음의 기도가 되기를 바랍니다.

하나님을 앞에 모신 자의 복

시 16:8,
내가 여호와를 항상 내 앞에 모심이여 그가 내 우편에 계시므로 내가 요동치 아니하리로다."

내가 주를 인정하고 매사에. 내앞에 모시고 살아가는 하나님의 사람들은 매사가 형통하고 안전하고 승리를 확인하게 됩니다.

시 16:1~11-
하나님께서 이제와 영원토록 지켜 주심이라
하늘과 땅에서 주 밖에 나의 복이 없음이라
성도는 존귀한 자니 하나님께서 우리를 보시고 심히 즐거워하심이라
하나님은 나의 기업이요 나의 소득이시니
나의 분깃을 지켜주심이라
나에게 줄로 재어준 구역은 실로 아름다운 곳에 있도다
나를 날마다 말씀으로 훈계하시고
밤마다 내 양심에 교훈하신 하나님께 찬양할지어다
내가 하나님을 내 앞에 모심으로 흔들리지 않게 하시도다
이러므로 하나님으로 인하여 내 마음이 기쁘고
내 영도 즐거워하며 내 육체도 안전히 거함이로다
주께서 나를 스올(음부=지옥)에 버리시지 않으시고 거룩한 자를 결코 멸망시키지 아니하시리로다
주께서 내게 생명길을 보여주시고 나를 생명길로 인도하시니
나는 기쁨이 충만하고 즐거움이 넘치나이다. 아멘

개역개정, 시 16:1~11-
"하나님이여 나를 지켜 주소서 내가 주께 피하나이다
내가 여호와께 아뢰되 주는 나의 주님이시오니
주 밖에는 나의 복이 없다 하였나이다
땅에 있는 성도들은 존귀한 자들이니 나의 모든 즐거움이 그들에게 있도다
여호와는 나의 산업과 나의 잔의 소득이시니
나의 분깃을 지키시나이다
내게 줄로 재어 준 구역은 아름다운 곳에 있음이여
나의 기업이 실로 아름답도다
나를 훈계하신 여호와를 송축할지라
밤마다 내 양심이 나를 교훈하도다
내가 여호와를 항상 내 앞에 모심이여
그가 나의 오른쪽에 계시므로 내가 흔들리지 아니하리로다
이러므로 나의 마음이 기쁘고 나의 영도 즐거워하며
내 육체도 안전히 살리니 이는 주께서, 내 영혼을 스올에 버리지 아니하시며
주의 거룩한 자를 멸망시키지 않으실 것임이니이다.
주께서 생명의 길을 내게 보이시리니 주의 앞에는
충만한 기쁨이 있고 주의 오른쪽에는
영원한 즐거움이 있나이다."

사랑하는 성도들이여! 우리를 성도로 부르시고
존귀하게 여기시어 영원히 사랑하시고
영원히 보호하시고 영원히 영생길로 인도하신
우리 하나님 아버지와 우리의 생명의 주인 되신
주 예수 그리스도와 우리 안에 내주하여
역사하신 성령님께 감사하며 찬양하며
신령과 진리로 예배드려 영광을 올려 드리자.

마음의 소원

시 37:4,
또 여호와를 기뻐하라 저가 네 마음의 소원을 이루어 주시리로다.

주여, 나의 마음의 눈을 밝히 열어주소서.
사람의 영혼(마음)은 여호와의 등불이라.

"사람의 영혼은 여호와의 등불이라 사람의 깊은 속을 살피느니라."(잠 20:27)

성령의 지혜와 계시로 나의 마음의 눈이 밝게 열려지는 은혜를 입어
우리를 지극히 사랑하시는 하나님의 은혜와 사랑과 영광과 능력과 권세를 바로 깨달아 알기 원하고
만왕의 왕 만주의 주께로부터 부름 받은 자의 소망이 어떠함을 보기를 원하며
예수 그리스도 안에서 성도들의 하늘기업이 얼마나 영광스럽고 풍성한가를 보기 원하며
하나님께서 성령의 능력으로 우리를 끝까지 붙드시는 힘의 강력함이 어떤가를 때마다 일마다 순간마다 경험하여 알기 원함이라.

"우리 주 예수 그리스도의 하나님, 영광의 아버지께서 지혜와 계시의 영을 너희에게 주사 하나님을 알게 하시고 너희 마음의 눈을 밝히사 그의 부르심의 소망

이 무엇이며 성도 안에서 그 기업의 영광의 풍성함이 무엇이며 그의 힘의 위력으로 역사하심을 따라 믿는 우리에게 베푸신 능력의 지극히 크심이 어떠한 것을 너희로 알게 하시기를 구하노라."(엡 1:17~19)

주의 구원을 바라보며 기뻐하는 마음을 주소서.
"나는 오직 주의 사랑을 의지하였사오니 나의 마음은 주의 구원을 기뻐하리이다."(시13:5)

나의 마음과 뜻을 항상 살피시는 하나님!
"하나님이여 나를 살피사 내 마음을 아시며 나를 시험하사 내 뜻을 아옵소서."(시 139:23)

나의 마음은 하나님께서 나에게 찾아 오셔서 특별하게 교제하는 성스럽고 거룩한 장소입니다. 마음은 하나님이 나의 잘못을 지적하실 때 나로 반응하도록 허락하시는 장소입니다.
말씀을 묵상하며 기도하는 시간을 많이 가진다는 것은 하나님의 계획하심을 나를 통하여 이루시도록 나의 마음의 눈을 열어 주십니다.
하나님께서 나의 마음의 눈을 여실 때 그 분은 나의 성품과 삶을 하나님의 사람으로 온전히 변화시키려고 친밀한 교제를 이루실 성령의 지혜와 계시를 풍성히 부어주심이라.

주께서 성령의 지혜와 계시로 나의 마음의 눈을 열어 주시면… 창조주시요 거룩하시고 전지전능하신 능력의 하나님이 우리의 아버지가 되심을 밝히 아는 은혜를 체험하게 됩니다.
성령의 지혜와 계시로 나의 마음 눈을 열어 주시면

하나님의 크시고도 놀라운 사랑을 알게 됩니다.
죄와 허물로 형벌을 받아 멸망의 지옥불못에 던짐 받을 나를 구원하시려고 독생자를 세상에 보내 주셨고 나의 죄와 허물을 전가시켜 나를 대신하여 저주를 받아 그 아들을 십자가에서 피흘려 죽기까지 내어주신 하나님의 측량할 수 없는 놀라운 사랑을 알게 됨이라

우리 주 예수 그리스도의 십자가의 사랑을 깊이 깨달아 알게 되고
구속의 은혜 안에서 구원의 감격 속에 감사하며
우리가 주 안에서 장차 누릴 영광의 풍성함을 믿음의 눈으로 볼 수 있는 영적 은혜를 받게 됩니다.
하나님께서 나에게 베푸시는 은혜와 성령의 감화 감동하심으로 나의 죄를 회개하고 하시고 항상 함께 하시어 보호하시고 인도하시고 세상 끝날까지 함께하시는 능력의 지극히 크심을 아는 믿음과 은혜를 받게 하심이라.
영광스런 천국을 마음의 눈으로 바라보고 기뻐하며 감격하며 그 나라와 의를 구하며 소망 중에 죽도록 충성하며 자신과 세상을 이기는 승리자의 삶을 삶게 됨이라 오, 주여! 나의 영적 마음의 눈을 밝게 열어 주시어

주님의 사랑에 대한 무지한 나를 보게 하시며
세상 일에 얽매여 사는 어리석은 나를 보게 하시고
발람처럼 돈에 눈이 먼 욕심 많은 나를 보게 하시며
광야의 사람들처럼 우상숭배에 젖어있고

음욕과 향락에 빠져 살며 헛된 일에 동분서주하는 무모한 나를 보게 하시고 매일 매사에 사탄의 유혹 속에서 벗어나지 못하고 사탄에게 사로잡혀 날마다 넘어지고 쓰러지는 가련한 나를 보게 하시며 주의 일에 게으르고 나태하고 이 핑계 저 핑계만 하는 무능한 나를 보게 하시고 진실되지 못하고 거짓으로 포장만 하는 온전치 못한 나를 보게 하옵시고

슬기롭지 못한 다섯 처녀들처럼 등과 기름을
준비하지 못한 나를 보게 하옵소서
이처럼 심히 저주스럽고 혐오스러운 가증스러운
나를 보게 하심으로 회개의 영을 부어주사
무릎을 꿇고 두 손 높이 들고 가슴을 찢고
눈물로 통회하며 죄를 자백하는 회개의 기도를
하게 하시옵소서.
날마다 순간마다 회개의 기도를 하므로
주의 보혈로 깨끗이 씻음 받아 내 영과 몸이
성결하게 정결하게 거룩하게 하시옵소서.
오 주여! 지금 나에게 성령의 지혜와
계시의 정신을 충만히 부어주시어 나의 마음의 눈을
밝게 열어주사 하나님의 영광과 능력과 사랑을
알게 하시고 예수 그리스도 안에서
내가 장차 얻을 영광의 풍성함을 보게하시고
성령의 능력과 권세로 세상 끝날까지 지켜주심을

마음의 눈으로 밝게 보아 알게 하소서..
그러므로 나로 믿음 없는 자가 되지 않게 하시고
믿음에 확신을 갖는 자가 되게 하옵소서..

"하나님이여 내 속에 정한 마음을 창조하시고
내 안에 정직한 영을 새롭게 하소서
나를 주 앞에서 쫓아내지 마시며
주의 성령을 내게서 거두지 마소서
주의 구원의 즐거움을 내게 회복시켜 주시고
자원하는 심령을 주사 나를 붙드소서."(시 51:10~12)

주여! 내 마음의 눈을 열어주시고
내 마음과 생각을 순간마다 지켜주시고
내 영혼을 날로 새롭게 하옵소서.
아멘. 주 예수여! 속히 오시옵소서. - 마라나타

내 영혼아 하나님을 바라라

시 42:5,
내 영혼아 네가 어찌하여 낙망하며 어찌하여 내 속에서 불안하여하는고 너는 하나님을 바라라 그 얼굴의 도우심을 인하여 내가 오히려 찬송하리로다.

시편 기자는 하나님을 바라기를 10번 같은 말을 반복하며 하나님을 향하여 가기를 소원하며 이 같은 갈망의 마음, 애절한 마음, 간절한 마음, 사모하는 마음을 갖는 그리스도인이 되기를 구하였습니다. 사도 바울도 믿음의 주요 또 온전하게 하시는 이인 예수를 바라보자고 성도들에게 권면하였습니다.

"**내 영혼아, 하나님을 바라라.**"는 구절은 주로 성경 시편에서 자주 등장하는 표현으로, 깊고 다층적인 의미를 담고 있습니다. 단순히 "하나님을 보세요"라는 표면적인 의미를 넘어, 인간의 내면 가장 깊은 곳에서 우러나오는 신앙적 자세와 소망을 나타냅니다.

1. 전적인 의지와 신뢰

"**하나님을 바라라**"는 것은 하나님께 모든 소망과 기대를 두라는 의미입니다. 세상의 헛된 것들이나 일시적인 만족을 좇지 않고, 영원하고 변치 않는 분이신 하나님만을 의지하라는 메시지입니다. 이는 불안하고 혼란스러운 상황 속에서도 오직 하나님만이 참된 피난처이자 구원자임을 고백하는 신뢰의 표현입니다.

2. 고통과 절망 속에서의 소망

이 구절은 특히 고통, 절망, 낙심과 같은 어려운 상황에서 자주 사용됩니다. 시편 기자가 극한의 고난 속에서도 자신의 영혼에게 **"왜 낙심하느냐? 왜 불안해하느냐? 오직 하나님을 바라라!"**고 명령하는 것은, 스스로의 마음을 다잡고 믿음으로 일어서려는 강력한 의지를 보여줍니다. 이는 고통 속에서도 하나님께로부터 오는 위로와 회복을 간절히 바라는 소망의 외침입니다.

3. 영적인 집중과 방향 설정

"바라라"는 시각적인 행위를 넘어 영적인 집중과 방향 설정을 의미합니다. 영혼이 세상의 유혹이나 좌절에 흔들리지 않고, 오직 하나님께로 시선을 고정하고 그분의 뜻을 구하며 나아가라는 뜻입니다. 이는 삶의 목표와 방향을 하나님께 두고, 그분과의 관계 속에서 진정한 의미와 목적을 찾으려는 영적인 자세를 강조합니다.

4. 인내와 기다림

하나님을 바라는 것은 또한 인내와 기다림을 포함합니다. 당장 눈앞에 해결되지 않는 문제들이 있을지라도, 하나님의 때와 방법을 신뢰하며 잠잠히 기다리는 태도입니다. 이는 조급함이나 불평 대신, 하나님의 섭리를 믿고 그분의 응답을 겸손히 기다리는 영혼의 성숙함을 보여줍니다.

5. 내면의 대화와 격려

이 구절은 종종 자기 자신, 즉 자신의 영혼에게 건네는 내면의 대화이자 격려의 형태로 나타납니다. **"내 영혼아"**라고 부르며 스스로를 향해 믿음을 다잡고 하나님께로 향하도록 독려하는 것은, 신앙 여정에서 겪는 갈등과 번뇌를 극복하려는 개인적인 노력을 담고 있습니다.

요약하자면, **"내 영혼아, 하나님을 바라라"**는 것은 인간의 영혼이 세상의 모든 것을 뒤로하고 오직 창조주이시며 구원자이신 하나님께 시선을 고정하고, 그분을 전적으로 의지하며, 모든 소망을 그분께 두는 깊은 신앙적 자세를 의미합니다.

이는 절망 속에서도 희망을 찾고, 삶의 진정한 의미를 하나님 안에서 발견하려는 영적인 몸부림이자 궁극적인 안식을 향한 갈망의 표현입니다.

내게는 주 밖에 없네

시 73:25,
하늘에서는 주 외에 누가 내게 있으리요 땅에서는 주 밖에 나의 사모할 자 없 나이다.

나에겐 하늘에서도 주 밖에 사모할 이 없고,
땅에서도 주 밖에 의지할 이 없네.
주님과 같이 내 마음 만지는 분은 없네.
오랜 세월 찾아 난 알았네 내겐 주 밖에 없네.
주 자비 강 같이 흐르고 주 손길 치료하네.
고통 받는 자녀 품으시니 주 밖에 없네.

이 세상 모든 인생 중에 주님과 같이 나의 가는 순례자의 길에 영원히 동행할 자가 없고,
주님과 같이 이 험악한 세상에서 나를 날마다 순간마다 성령의 능력으로 온전히 보호해 줄 자가 없도다. 주님과 같이 나와 진실하게 대화를 나눌 자가 없고,
주님과 같이 지금의 나의 형편과 나의 삶을 잘 아시고 친히 돌보시고 위로할 분이 없도다.

주님과 같이 나의 간절한 소원을 온전히 이루어줄 자가 없으며

주님과 같이 나의 아픈 마음 만져주시는 이가 없고
주님과 같이 나의 고통의 질병을 능하신 권능의 손으로 어루만져 주시고 치료의 광선을 비추시어 온전히 치유하시고 회복시켜 주시는 이가 없도다.

주님과 같이 나를 이해해 주시고 따뜻한 품에 품어주시고 귀하게 아껴줄 자가 없고,
주님과 같이 나를 어떠한 상황에서도 영원토록 변함없이 사랑해 줄 자가 없도다.
주님과 같이 나의 마음과 생각 속에 확신을 주는 자가 없고,
주님과 같이 나의 삶을 바른 길로 의의 길로 생명길로 인도하는 자가 없도다.

주님과 같이 나에게 참 기쁨과 소망을 주는 자가 없고,
주님과 같이 나에게 때마다 일마다
감사하게 하는 자가 없도다.
주님과 같이 이 악하고 전쟁의 위협과 거짓과 속임과 편법으로 불의와 불법이 만연하고 코로나의 공포 속에서 불안하고 혼돈된 세상에서 나에게 근심과 걱정과 두려움이 없게 할 자가 없고,

주님과 같이 근심하고 걱정하며 불안 속에 사는 나에게 참 평안을 줄 자가 없도다.
주님과 같이 나의 무거운 죄짐을 대신 저줄 자가 없고,

주님과 같이 나의 생명을 죄와 사망에서 구원하기 위해 자신을 죽기까지 희생할 자가 없도다
주님과 같이 나와 언약한 것을 끝까지 지켜 줄 자가 없고
주님과 같이 어떤 상황 속에서도 나에게 실망시키지 않을 자가 없도다

주님과 같이 나의 슬픔을 알아주는 자 없고,
주님과 같이 나의 고통에 동참하는 이 없도다
주님과 같이 나의 눈물을 보고 닦아 주는 사람이 없으며
주님과 같이 나의 모든 말을 귀 기울여 들어주는 자 없고,
주님과 같이 나의 마음과 형편을 인간은 이해하지 못하며,
주님과 같이 나의 죄악을 온전히 용서해 줄 자 없고,

주님과 같이 나를 참으로 위로할 자가 이 세상엔 하나도 없도다.
주님과 같이 나의 가난함을 부요로 채워줄 자 없고
주님과 같이 나를 위경에서 건져줄 자가 없고
주님과 같이 내가 실직하고 실패하여 낙심하고 좌절하여 있을 때,
내가 너에게 새 일을 주리라 하시고
나의 손잡아 다시 일으켜 주실 이는
나의 소망이 되신 주 밖에 없네

주님과 같이 나를 죄와 사망에서 온전히 구원하여
영광의 나라로 이끄실 분은

오직 나의 주 밖에 없네. 아멘. 할렐루야!

시 18:1-나의 힘이 되신 여호와여 내가 주를 사랑하나이다.
마 28:20 -내가 세상 끝날까지 너희와 항상 함께 있으리라.
요일 6:33-세상에서는 너희가 환난을 당하나 담대하라 내가 세상을 이기었노라.
마 24:13-그러나 끝까지 견디는 자는 구원을 얻으리라.
마 24:13-나의 마음과 생각을 지켜주실 하나님께 기도와 간구로 아뢰자.
빌 4:6~7-아무것도 염려하지 말고, 다만 모든 일에 기도와 간구로 너희 구할 것을 감사함으로 하나님께 아뢰라 그리하면 모든 지각에 뛰어난 하나님의 평강이 그리스도 예수 안에서 너희 마음과 생각을 지키시리라.

예수님으로 인하여 하나님과 하나 된 나
하나님은 예수님 안에 있고
예수님은 하나님 안에 있고,
예수님은 내 안에 있고
나는 예수님 안에 있음이라.
내게는 오직 주 밖에 없네.

"제자들이 눈을 들고 보매 오직 예수 외에는 아무도 보이지 아니하더라."(마 17:8)

천사의 보호

시 91:10-12,
화가 네게 미치지 못하며 재앙이 네 장막에 가까이 오지 못하리니 저가 너를 위하여 그 사자들을 명하사 네 모든 길에 너를 지키게 하심이라 저희가 그 손으로 너를 붙들어 발이 돌에 부딪히지 않게 하리로다.

"그 사자들이 너를 지키시리라"는 구절은 시편 91편 11절에서 나온 말씀으로, 하나님의 높고 깊고 완전한 보호에 대한 약속을 담고 있습니다. 이 구절은 단순히 천사들이 우리를 지킨다는 의미를 넘어, 하나님의 보호하심이 얼마나 포괄적이고 강력한지를 보여주는 상징적인 표현입니다.

높고 깊고 완전한 보호의 비밀, 이 보호의 약속에 담긴 비밀은 다음과 같은 요소들로 설명할 수 있습니다.

1. 하나님의 주권과 전능하심에 대한 전적인 신뢰

이 보호는 우리의 능력이나 노력에 기반한 것이 아닙니다. 시편 91편은 지존자의 은밀한 곳에 거하며 전능자의 그늘 아래 사는 자가 누리는 보호라고 말합니다. 즉, 우리가 하나님의 주권과 전능하심을 온전히 인정하고 그분께 우리의 삶을 맡길 때 경험할 수 있는 보호입니다. 모든 만물을 창조하시고 다스리시는 하나님께서 우리를 지키시기로

작정하셨다면, 그 어떤 것도 그 뜻을 거스를 수 없습니다. 이것이 바로 '높고 깊은' 보호의 시작입니다.

2. 조건 없는 사랑과 언약에 기초한 보호
하나님께서 우리를 지키시는 이유는 우리가 완벽해서가 아니라, 그분의 변치 않는 사랑과 언약 때문입니다.
"그가 나를 사랑한즉 내가 그를 건지리라."(14절)

우리의 연약함에도 불구하고 하나님은 우리를 사랑하시며, 그 사랑 안에서 우리를 보호하십니다. 이 사랑은 우리가 이해할 수 없을 만큼 깊고 넓으며, 우리의 모든 필요를 아시고 채우시는 하나님의 마음에서 비롯됩니다.

3. 영적이고 전인적인 보호
'사자들이 너를 지키시리라'는 표현은 단순히 물리적인 위험으로부터의 보호만을 의미하지 않습니다. 이는 영적인 공격, 정신적인 어려움, 감정적인 고통, 그리고 우리를 넘어뜨리려는 모든 악한 세력으로부터의 전인적인 보호를 포함합니다.

천사들은 영적인 존재로서 하나님의 명령을 따라 우리의 영혼과 마음, 그리고 육신까지도 지킵니다. 이것은 우리 눈에 보이지 않는 차원에서도 하나님의 보호하심이 강력하게 역사하고 있음을 보여주는 것입니다.

4. 동행하는 임재를 통한 보호

가장 큰 보호의 비밀 중 하나는 바로 하나님의 임재입니다. 하나님께서 우리와 함께 계시다는 사실 그 자체가 가장 강력한 방패입니다.
"그가 나를 부르리니 내가 그에게 응답하리라 환난 때에 내가 그와 함께하여 그를 건지고 영화롭게 하리라."(시 91:15).

어떤 상황에 처하든, 하나님이 우리 곁에 계시며 우리를 붙들어 주신다는 확신은 어떤 두려움도 이겨낼 수 있는 힘을 줍니다. 이는 마치 어린아이가 부모의 품 안에서 느끼는 완전한 안도감과 같습니다.

5. 믿음과 순종을 통한 경험

이러한 높고 깊고 완전한 보호는 단순히 주어지는 것이 아니라, 우리의 믿음과 순종을 통해 경험하게 되는 것입니다. 우리가 하나님을 의지하고 그분의 말씀에 순종할 때, 우리는 그분의 보호하심을 더욱 분명하게 인식하고 누릴 수 있습니다.
믿음으로 하나님의 약속을 붙잡고, 순종함으로 그분의 길을 따를 때, **'사자들이 너를 지키시리라'** 는 말씀이 우리의 삶에서 현실이 됩니다.

히 1:14, "모든 천사들은 부리는 영으로서 구원 얻을 후사들을 위하여 섬기라고 보내심이 아니뇨."

'그 사자들이 너를 지키시리라'는 약속은 하나님의 우리와의 동행을 통해 주어지는 영적이고 전인적인 보호를 의미합니다. 이 보호는 우리가 하나님을 전적으로 신뢰하고 그분과의 관계 안에서 살아갈 때 가장 깊이 경험할 수 있는 비밀입니다.

나의 도움이 어디서 올까?

시 121:1-2.
내가 산을 향하여 눈을 들리라 나의 도움이 어디서 올꼬 나의 도움이 천지를 지으신 여호와에게서로다.

도움이 필요한 인생 인간은 남녀노소 누구를 막론하고 누구에게나 도움을 받지 않으면 살 수 없는 연약하고 부족한 존재입니다.

일반적인 도움의 손길

* 부모님의 사랑의 도움의 손길이 있었습니다.
* 가족들의 따뜻한 사랑의 도움의 손길이 있었습니다.
* 스승의 도움으로 지식과 인격을 성장시켜 왔습니다.
* 친구들의 우정의 도움으로 약간의 힘을 얻고 위로를 받았습니다.
* 이웃들의 사랑과 도움의 손길들로 조금의 안정을 얻었습니다.
* 여러 분야에서 일하는 많은 사람들의 도움을 받아 현대문명의 혜택을 많이 받고 있습니다.

그러나 이러한 인간의 도움은 우리의 삶에서 잠깐의 유익을 위한 도움뿐입니다.

* 인생의 도움을 의지하지 말라

인간의 도움은 잠깐이라는 생애의 한계성 있습니다.
누구나 호흡이 끊어져 순식간에 죽기 때문입니다.

"방백들을 의지하지 말며 도울 힘이 없는 인생도 의지하지 말지니 그 호흡이 끊어지면 흙으로 돌아가서 당일에 그 도모가 소멸하리로다."(시 146:3~4)

하나님으로 도움의 소망을 삼으라

"야곱의 하나님으로 자기 도움을 삼으며 여호와 자기 하나님에게 그 소망을 두는 자는 복이 있도다."(시 146:5)
"이러한 백성은 복이 있나니 여호와를 자기 하나님으로 삼는 백성은 복이 있도다."(시 144:15)

초월적인 하나님의 도우심의 손길.

"주께서는 무소불능하시오니 무슨 경영이든지 못 이루실 것이 없는 줄 아오니."(욥 42:1)

인생은 천지 만물을 창조하시고 섭리하시고
운행하시며 인생의 생사화복을 홀로 주관하시며
나라와 정사를 주관하신 하나님의 도우심을
받아야 살 수 있습니다.

하나님의 도우심의 모습

인간은 하나님의 도우시는 손길이 없으면 한 순간도 스스로 살 수 없는 존재입니다. 하나님께서 인간들과 동물들에게 햇빛을 주시지 않고 공기를 주시지 않고, 물을 주시지 않고 생명을 보존해 주시지 않으면 인간은 한순간도 살 수 없습니다.
- 시, 공간의 한계성을 초월하는 하나님의 도우심
- 우리는 하나님의 자녀들이라 세상 끝 날까지 지켜 주시도다.
우리를 사랑하시는 하나님은 졸지도 않으시며

1. 주무시지도 않으시고 항상 지켜주시고 계십니다.
"이스라엘을 지키시는 자는 졸지도 아니하고, 주무시지도 아니하시리로다."

2. 어떤 상황에서도 실족하지 않도록 능하신 손으로 도우십니다.
"여호와께서 너로 실족지 않게 하시며"

3. 낮이나 밤이 상치도 해치도 못하게 도우십니다.
"여호와께서 네 우편의 그늘이 되시나니 낮의 해가 너를 상치 아니하며 밤의 달도 너를 해치 아니하리로다."

4. 모든 환난을 면하게 하십니다
"여호와께서 너를 지켜 모든 환난을 면하게 하시며."(시 121:7)

5. 영혼을 지켜주십니다.

"또 네 영혼을 지키시리로다."(시 121:7하)

6. ☆나의 출입을 영원까지 지키십니다.
"여호와께서 너의 출입을 지금부터 영원까지 지키시리로다."(시121:8)

- 압박당하는 자를 공의로 판단하시며
- 주린 자에게 식물을 주시며
- 갇힌 자를 해방시키시며
- 소경(영적 소경도)의 눈을 여시며
- 비굴한 자를 일으켜 세우시며
- 의인을 사랑하시며
- 객을 보호하시며
- 고아와 과부를 붙들어 주시며
- 눌린 자를 자유하게 하시며
- 병든 자를 고쳐 주시며
- 가난한 자를 부요하게 하시며
- 눈물로 간절히 기도하는 자에게 응답의 기쁨을 주시며
- 자기 죄와 허물을 온전히 자백하여 회개하는 자를 십자가의 보혈로 사하여 주시고 용서하여 주시며, 흰 눈 보다 더 깨끗하게 하여 주십니다

7. 죽은 자도 살려 새 생명을 얻게 하십니다
"예수께서 이르시되 나는 부활이요 생명이니 나를 믿는 자는 죽어도 살겠고 무릇 살아서 나를 믿는 자는 영원히 죽지 아니하리니 이것을 네가 믿느냐."(요 11:25~26)

시 146:7-10, 시온아! 여호와 네 하나님은 영원히 대대에 통치하시리로다 할렐루야!

오직 우리는 순간순간마다 하나님의 초월적인
도우심을 위하여 하나님께 간절히 엎드려 기도해야 합니다.

8. 편안한 마음으로 찬송하며 기도하라

"내 영혼아 네가 어찌하여 낙망하며
어찌하여 내 속에서 불안하여 하는고
너는 하나님을 바라라 나는 내 얼굴을 도우시는
내 하나님을 오히려 찬송하리로다."(시 42:11)

9. 감사함으로 하나님께 기도하라

"아무것도 염려하지 말고 오직 모든 일에
기도와 간구로 너희 구할 것을, 감사함으로
하나님께 아뢰라 그리하면 모든 지각에 뛰어난
하나님의 평강이 그리스도 예수 안에서
너희 마음과 생각을 지키시리라."(빌 4:6~7)

10. 세상을 이기신 주께서 영원히 함께하시리라

"세상에서는 너희가 환난을 당하나 담대하라
내가 세상을 이기었노라."(요 16:33하)
"세상 끝날까지 내가 항상 너희와 함께 있으리라."(마 28:20하)
"내게 능력 주신 자 안에서 내가 모든 것을 할 수 있느니라."(빌 4:13)

11. 내가 의로운 오른손으로 너를 붙들리라

"두려워하지 말라 내가 너와 함께 함이라

놀라지 말라 나는 네 하나님이 됨이라
내가 너를 굳세게 하리라 참으로 너를 도와 주리라
참으로 나의 의로운 오른손으로 너를 붙들리라."(사 41:10)

할렐루야! 여호와로 도우심을 구하는 자여!
주의 약속의 말씀 안에서 강하고 담대한 믿음으로
나와 세상과 사탄과 마귀와 날마다 싸워 승리하며 살지라.

"나의 힘이 되신 여호와여 내가 주를 사랑하나이다."(시 18:1)

우리 주 예수 그리스도는 우리에게 영광스러운
천국에서 주와 함께 영생하게 하심이라.

그를 인정하라

잠 3:6-7,
너는 범사에 그를 인정하라 그리하면 네 길을 지도하시리라 스스로 지혜롭게 여기지 말지어다 여호와를 경외하며 악을 떠날지어다.

우리가 자신의 약함을 인정하고 동시에 하나님의 강하심을 고백하는 것은 기독교 신앙의 매우 중요한 부분입니다. 이는 단순한 겸손을 넘어, 우리의 존재와 신앙생활 전반에 깊은 영향을 미치는 영적인 진리입니다.

1. 죄인 된 본성에 대한 인식
인간은 본질적으로 연약하고 불완전한 존재이며, 죄로 인해 하나님과의 관계가 단절된 죄인입니다. 우리는 스스로의 힘으로는 죄의 문제를 해결할 수 없고, 완전한 의로움에 도달할 수도 없습니다.
자신의 약함을 인정한다는 것은 바로 이러한 인간의 한계와 죄악 된 본성을 깊이 깨닫는 것을 의미합니다.

2. 하나님의 전능하심에 대한 전적인 의존
우리의 약함을 인정할 때, 우리는 비로소 하나님의 전능하심과 완전하심을 온전히 바라보게 됩니다. 나의 부족함을 채우고, 나의 연약함을 강하게 하실 분은 오직 하나님 한 분 뿐이심을 깨닫는 것입니다. 이는 모든 것을 하나님께 의탁하고, 그분의 은혜와 능력에 전적으로 의존하는 신앙의 태도를 형성합니다.

바울 사도가 고백했듯이, **"내가 약할 그 때에 곧 강함이라."**(고후 12:10)는 말씀은 우리의 약함이 하나님의 강함을 드러내는 통로가 됨을 명확히 보여줍니다.

3. 교만을 버리고 겸손을 배우는 과정

자신의 약함을 인정하는 것은 교만을 버리고 겸손을 배우는 과정입니다. 스스로의 힘과 능력을 과신하는 교만한 마음은 하나님을 의지하는 것을 방해합니다.

그러나 자신의 한계를 인정할 때 우리는 비로소 하나님 앞에서 겸손히 무릎 꿇고 그분의 인도하심을 구할 수 있습니다. 이러한 겸손은 하나님의 은혜를 경험하고 그분의 뜻을 따르는 데 필수적인 자세입니다.

4. 고난 속에서 드러나는 하나님의 능력

우리가 겪는 고난과 역경은 종종 우리의 약함을 극명하게 드러내는 순간입니다. 그러나 동시에 이러한 고난은 하나님의 강하심을 가장 분명하게 경험할 수 있는 기회가 되기도 합니다.

스스로 해결할 수 없는 어려움 속에서 우리는 하나님의 도우심과 인도하심을 간절히 구하게 되고, 그 과정에서 우리의 상상을 초월하는 하나님의 능력을 체험하게 됩니다. 이는 우리의 믿음을 더욱 견고하게 하고, 하나님과의 관계를 더욱 깊게 만듭니다.

5. 복음의 핵심 이해

나의 약함과 하나님의 강함을 인정하는 것은 복음의 핵심을 이해하는 데 필수적입니다. 우리는 스스로 구원할 수 없는 죄인이기에, 하나님의 크신 사랑과 강하신 능력으로 예수 그리스도를 통해 구원받았음을 고백하는 것입니다.

나의 약함을 인정할수록 예수 그리스도의 십자가 대속의 의미가 더욱 크게 다가오고, 하나님의 은혜에 대한 감사가 넘치게 됩니다.

지혜와 계시의 영. 성령의 감동으로, 자신의 약함을 인정하고 하나님의 강하심을 고백하는 것은 단순히 지적인 동의를 넘어, 우리의 삶과 신앙을 변화시키는 능동적인 영적 행위입니다. 이를 통해 우리는 하나님과 더 깊은 관계를 맺고, 그분의 뜻 안에서 참된 평안과 능력을 경험하며 살아갈 수 있습니다.

현대인의 질병

잠 13:14,
지혜 있는 자의 교훈은 생명의 샘이라 사람으로 사망의 그물을 벗어나게 하느니라.
잠 14:27,
여호와를 경외하는 것은 생명의 샘이라 사망의 그물에서 벗어나게 하느니라.

요르크 징크(Jörg Zink, 1922~2016)는 독일의 저명한 신학자, 목사, 저술가이자 평화운동가, 환경운동가입니다. 그는 다양한 활동과 저술로 현대사회와 신앙의 문제에 대해 깊이 있는 통찰을 제시했습니다.
그것에 대한 주요 특징과 활동은 다음과 같습니다.

- 생애와 배경: 1922년 독일에서 태어나 2016년에 사망했습니다. 그의 어린 시절과 청년기는 제2차 세계대전의 격동기를 겪었으며, 공군 통신기사로 참전하여 죽음의 문턱까지 가는 경험을 하기도 했습니다. 이러한 경험은 그의 신학적 사고와 세계관에 큰 영향을 미쳤습니다.

- 주요 저술: 성경과 신학, 예수님에 관한 책, 기도서, 영성과 신비주의에 대한 책 등 방대한 양의 저술을 남겼습니다. 특히 건강한 기독교 신앙을 지향하며, 일상생활 속에서 신앙의 정신을 실천하는 것

에 대한 책들을 많이 썼습니다. 이웃 종교와의 대화에도 관심을 가졌으며, 사진과 그림을 활용한 명상록도 저술했습니다.

- '현대인'에 대한 통찰: 질문에서 언급된 '찡크'의 '현대인'에 대한 이야기는 바로 요르크 징크의 우화입니다. 사하라 사막의 오아시스 물가에서 목말라 죽은 청년의 이야기를 통해 현대인들이 가진 여러 가지 역설적인 모습을 비판적으로 성찰합니다. 즉, 많은 것을 소유하고도 제대로 활용하지 못하며, 행복을 가까이 두고도 다른 곳을 헤매고, 사랑할 수 있는 기회를 놓치는 현대인의 모습을 날카롭게 지적하는 내용입니다. 이 이야기는 그의 대표적인 통찰 중 하나로 널리 인용되고 있습니다.

요르크 징크는 전통적인 신학의 틀을 넘어 현대 사회의 복잡한 문제들을 기독교적 시각으로 해석하고 대안을 제시하려 노력했던 중요한 신학자입니다. 그는 다음과 같은 이야기로 현대인을 진단하였습니다.

어느 날 한 청년이 사하라 사막을 횡단하였습니다. 그는 많은 장비를 준비하였고 무엇보다 중요한 식수를 준비했습니다. 그러나 길을 떠난 지 하루 만에 식수가 바닥나 버렸습니다.
그는 기진하여 쓰러졌고 마침내 실신하기에
이르렀습니다. 그러나 한참 후 그는 눈을 떠보니
눈앞에 야자수가 보였고 나뭇잎이 바람에
흩날렸습니다. 그는 이제 죽을 때가 되어

환각이 보이는구나 하고 애써 눈을 감았습니다.
그러자 귓가에 물소리와 새소리가 희미하게 들렸습니다. 그러자 그는 아! 이제 정말 내가 죽게 되는구나 하고 또다시 소리에 귀를 닫습니다.
그 이튿날 아침, 사막의 베두인이 어린 아들과 함께 오아시스에 물을 길으러 왔다가 물가에서 입술이 타 들어가 죽은 청년을 발견하게 됩니다.
그 모습이 너무나 이상했던 아들이 아버지에게 묻습니다.
"아버지, 이 사람은 왜 물가에서 목말라 죽었을까요?"
그러자 아버지가 대답했습니다.
"얘야, 여기 죽어 있는 젊은이가 바로 현대인이란다."

'오아시스 물가에서 목말라 죽은 현대인'
정말 그럴듯한 비유라 생각합니다.
- 많은 것들을 곁에 두고 다 써보지도 못하고 죽어가는 이상한 현대인
- 미래의 노후대책 때문에 오늘을 행복하게 살지 못하는 희귀병에 걸린 현대인
- 늘 행복을 곁에 두고도 다른 곳을 헤매며 찾아다니다 일찍 지쳐버린 현대인
- 나누면 반드시 행복이 온다는 지극히 평범한 진리를 알고도 실천을 하지 못하는 장애를 가진 현대인
- 사랑할 수 있는 시간이 얼마 남지 않았다는 사실을 알고도 사랑하지 못하는 바보 같은 현대인

- 서로가 파멸의 길로 간다는 사실을 알고도 자연/지구 파괴의 길을 버젓이 걷는 우매한 현대인
- 벌어놓은 재산은 그저 쌓아 놓기만 했지 정작 써보지도 못하고 자식들 재산 싸움으로 갈라서게 만드는 이상한 부모들이 너무 많이 존재하는 현대인
- 끝없이 불의와 불법을 행하며 서로 으르렁거리며 다투고 정죄하고 싸우고 보복의 칼날이 다시 또 보복을 하며 저 잘났다고 뻐기며 평화롭게 살지 못하고 멸망의 지옥의 불 못으로 떨어져 가는 무지하고 불쌍한 정치가와 현대인

각 나라와 도처에 지진과 폭우와 우박과
광풍과 눈과 화산폭발과 119 코로나 전염병으로
수천 명이 죽어가는 현 상황 속에서도
주님이 심판하실 날이 가까워짐을 깨닫지 못하고
하나님께로 회개하고 돌아오지 않는 어리석고 무지한 현대인들,
삶을 포기하고 하나님의 구원을 포기하고 관심 없어 하는 현대인
지금 당신 곁에 있는 행복의 오아시스를
눈을 뜨고, 귀를 열어, 한번 찾으면 찾을 수 있는데 포기하고 찾으려는 생각을 버리는 어리석은 자들 창조주 하나님께서 목마른 인생들을 구원하시기 위해 온 땅에 비밀히 마련해 두신
"예수의 보혈의 생명수"와 강 같이 흘러 넘치는
"성령의 생명수"가 우리 곁의 "교회라는 샘"에서
넘쳐 나고 있지만 무지하고 어리석고 패역하고 고집 센 인생들이 보

혈의 샘이 솟는 교회 곁에 있으면서도
교회를 지나가면서도 교회를 들어가 보지도 않고
예수를 믿으라는 소리에도
애써 두 손으로 양 귀를 꽉 막아버려서
"생명수"를 찾지 못하고 목말라 죽어가는
현대인이 얼마나 많은가?
우리 주위를 둘러보면 "교회라는 오아시스"가 지천인데 오늘도 여전히 "물… 물… 물…"을 외치고 있는 어리석은 현대인이 얼마나 많은가?
날마다 지은 죄를 죄로 여기지 않고 행하며
날마다 지은 죄가 죄인 줄을 모르고 살아감으로
멸망길로 가는 현대인이 아닌가?
교회는 다니면서도 성령을 받지 못해
육에 속한 교인이 아닌가?

오, 주여! 주의 십자가의 보혈로 나의 죄와 허물을
사하시고 깨끗하게 씻어 거룩하고 성결하게 하소서.

♡ 생명수 샘물
요 4:14, 예수께서 이르시되 내가 주는 물을 마시는 자는 영원히 목마르지 아니하리니 내가 주는 물은 그 속에서 영생하도록 솟아나는 샘물이 되리라.

♡ 성령의 생수
요 7:37~39, 명절 끝 날 곧 큰 날에 예수께서 서서 외쳐 이르시되 누구든지 목마르거든 내게로 와서 마시라 나를 믿는 자는 성경에 이름과 같이 그 배에서 생수의 강이 흘러나오리라 이는 그를 믿는 자들이 받을 성령을 가리켜 말씀하신 것이라.
엡 5:18, 술 취하지 말라 이는 방탕한 것이니 오직 성령으로 충만함을 받으라.
엡 5:16, 세월을 아끼라 때가 악하니라.

주여! 나의 영의 눈을 열어 보좌에 앉으신
영광의 주를 바라보게 하시고
나의 귀를 열어 날마다 순간마다 들려오는
주님의 청아한 사랑의 음성을 듣게 하소서. 아멘.

듣는 귀

잠 20:12,
듣는 귀와 보는 눈은 다 여호와의 지으신 것이니라.

들을 귀가 없으면 아무리 소리를 높이 외쳐도 들려지지가 않습니다. 귀가 가리워지고 진리에서 떠난 귀, 반면에 귀가 열려 있는 귀, 성령의 소리를 듣는 귀.

"그런즉 하나님의 이 구원이 이방인에게로 보내어진 줄 알라 그들은 그것을 들으리라 하더라."(행 28:28)

우리는 귀로 말을 듣는 것 같지만, 정녕 꼭 그런 것은 아닙니다. '마음이 우둔하면' 귀로 들어도 무슨 말인지 이해하지 못합니다. 하나님은 요나에게 "니느웨로 가서 하나님의 말씀을 외치라."고 명령했으나 요나는 니느웨로 가지 않고 배를 타고 다시스로 도망치려 했지만, 우여곡절 끝에 니느웨로 가서는 "사십 일이 지나면 니느웨가 무너지리라."(욘 3:4)고 외쳤습니다.

니느웨는 3일을 걸어야 가로지를 수 있을 만큼 큰 성읍인데, 요나는 단 하루만 외쳤을 뿐입니다. 그럼에도 니느웨 사람들은 대대적인 회개 운동을 일으켰습니다.

예언자 요나는 말씀을 듣지 않았지만,
이방인 니느웨 사람들은 들었습니다.
요나는 편협한 민족주의와 선민사상에 사로잡혀 하나님의 뜻을 깨닫지 못했습니다.

비슷한 일이 로마에서도 일어났습니다.
바울은 황제에게 재판을 받기 위해
로마로 압송되었지만, 아직 미결수였기에
비교적 자유롭게 생활하고 있었습니다.
그는 셋집을 얻었고, 방문자들을 만나 교제할 수 있었습니다. 바울은 유대인들과 이방인들의 방문을 받았고, 그들에게 복음을 전했습니다. 그런데 이방인들은 우호적으로 말씀을 듣는 반면, 유대인들은 바울이 전하는 복음을 곧이들으려 하지 않았습니다.
바울은 "이 구원이 이방인에게로 보내어진 줄을 알라."고 했습니다.
복음은 예루살렘에서 시작되었습니다.
예루살렘은 이스라엘의 중심입니다.

하지만 이스라엘은 2천 년이 지난 지금도
복음을 듣는 귀가 열리지 않았습니다.
"그 귀로는 둔하게 듣고 그 눈은 감았으니 이는 눈으로 보고 귀로 듣고 마음으로 깨달아 돌아오면 내가 고쳐 줄까 함이라."(행 28:27)

참으로 안타까운 일입니다. 이스라엘이
외면한 복음을 이방인들이 진실로 들었습니다.

들을 귀가 없는 사람에게는 복음이 복음은 아닙니다. 오늘도 하나님은 우리에게 말씀하시지만, 들을 귀가 없으면 듣지 못합니다.

마음을 열고 귀를 기울여 하나님 말씀을 듣는
성도가 되기를 소망합니다.

오늘도 우리에게 말씀하시는 하나님!
우리에게 들을 마음과 듣는 귀를 열어 주옵소서.
그래서 주의 복음이 우리를 통해 세상에 밝히
드러나게 하옵소서. 또한 이스라엘 사람들에게도
우둔한 마음에 성령의 기름을 부어 주셔서 이 구원의 소식을 듣게 하옵소서.

계 2:7, 귀 있는 자는 성령이 교회들에게 하시는 말씀을 들을지어다 이기는 그에게는 내가 하나님의 낙원에 있는 생명나무의 과실을 주어 먹게 하리라.

함께 가자

아 2:10,
나의 사랑하는 자가 내게 말하여 이르기를 나의 사랑, 나의 어여쁜 자야 일어나서 함께 가자.

나의 사모하고 온 맘 다 해 사랑하는
준엄하시고 자애로우신 주님,
언제 어디서나 주님의 시선이 내게 머물기를 간절히 소망하오며
주님의 생각 속에 내가 항상 기뻐하신 자로 기억되기를 소원합니다.
내 마음과 삶의 모습이 주님이 보기에 아름다웠으면 참 좋겠습니다.
오늘, 사랑의 주님이 핏 값으로 사주신 하얀 예복을 입었습니다.

혹시나 세상의 죄악의 때가 이 흰 예복에 묻을까봐
조심 또 조심하며 살아가고 있습니다.
주님이 나를 어여쁘게 여겨 친히 마련해 주신
보혈의 빨간 세제로 더러운 죄의 옷을 깨끗이 빨아
헹구어져 이젠 하얀 의의 예복을 곱게 입게 되었습니다.
신랑 되신 주님이 내게 친히 입혀주신
성결과 정결로 만든 이 의의 예복 외에는
어떠한 좋은 옷이라도 결코 입지 않으렵니다.

거룩한 의의 옷 너무 빛나고 깨끗하고 아름다워요.
주님이 피의 혜택의 은혜로 입혀주신 하얀 의의 옷만
평생에 입기를 원합니다.
주님을 사모하기에, 주님을 사랑하기 때문에
주님을 기쁘게 하고 싶습니다.

주여! 이 순수한 나의 이 마음에 감사의 고백이
쉬지 말고 샘솟듯이 흘려 넘치기를 원합니다.
나는 주님의 순결한 신부로서 살기를 원합니다.
언제나 주님의 사랑의 품속에 날 따뜻이 품으시고
평안과 능력의 두 손을 잡아 주세요.

어린양의 혼인잔치에 참예 할 신부들의 빛나고
깨끗한 세마포를 입자.

"우리가 즐거워하고 크게 기뻐하여 크게 영광을 돌리세 어린양의 혼인 기약이 이르렀고 그 아내가 예비하였으니 그에게 허락하사 빛나고 깨끗한 세마포를 입게 하셨은즉 이 세마포는 성도들의 옳은 행실이로다 천사가 내게 말하기를 기록하라 어린양의 혼인잔치에 청함을 입은 자들이 복이 있도다."(계 19:7~9)

빛나고 깨끗한 세마포 옷은
성도들이 날마다 행하는 옳은 행실임을 알지어다.
그대는 지금 주님이 입혀주신 빛나고 깨끗한
의의 세마포를 곱게 입고 있는가?

혹시 날마다의 삶 속에서 자신이 알고도 또 모르는 사이에
세상의 죄의 때가 묻지나 않으셨나요?

오, 나의 사랑하는 주여! 주의 보혈의 세제로
더러운 죄와 허물을 날마다 순간마다 회개함으로
씻어 깨끗하게 정결하게 성결하게 하며
주의 신부로서 아름답게 주님과 함께 가게 하소서.

날마다 우리의 죄를 자백하자.
"만일 우리가 우리 죄를 자백하면 그는 미쁘시고 의로우사 우리 죄를 사하시며 우리를 모든 불의에서 깨끗하게 하실 것이요."(요일 1:9)

날마다 회개하여 두루마기를 빠는 자만이 생명나무의 열매를 먹으며
12진 주문을 통하여 영광스런 하나님 보좌 앞에
찬송하며 나아가는 영광의 복을 받음이라.

"자기 두루마기를 빠는 자들은 복이 있으니 이는 그들이 생명나무에 나아가며 문들을 통하여 성에 들어갈 권세를 받으려 함이로다."(계 22:14)

우리의 주홍 같고 진홍 같은 붉은 죄를
흰 눈보다도 양털보다도 더 희게 깨끗하게 하여 주신
주님 사랑을 찬양할지어다.

"여호와께서 말씀하시되 오라 우리가 서로 변론하자 너희의 죄가 주홍 같을지라도 눈과 같이 희어질 것이요 진홍같이 붉을지라도 양털같이 희게 되리라."(사

1:18)

오, 주여! 내가 주님 앞에 설 그 때까지
나의 의의 옷을 성결하게 정결하게 깨끗하게 아름답게 간직하게 하옵소서.. "나의 사랑 나의 어여쁜 친구 형제들이여 일어나 나와 함께 가자."
나는 언제 어디서나 주님만 생각하며
주님만 바라보며 주님만 따라가며 주님만 사랑하렵니다.

나는?

아 7:10,
나는 나의 사랑하는 자에게 속하였구나 그가 나를 사모하는구나."

나는 어떠한 사람인가?(나 자신을 바로 알자)
나는 하나님의 택하심을 받은 보배롭고 존귀한 하나님의 자녀라.
나는 하나님의 형상대로 존귀하게 지음 받은 자라.(창 1:26)
나는 예수님을 믿음으로 하나님의 자녀가 되는
권세를 받았습니다.(요 1:12)
나는 예수님 사랑 안에서 하나님과 하나 된 자입니다(요 17:21)

나는 예수님으로 인하여 하나님의 권속이 되었습니다.(엡 2:19)
나는 주님의 십자가의 사랑을 전하므로 그리스도의 향기입니다.(고후 2:15)
나는 생명의 말씀을 전하므로 그리스도의 편지입니다.(고후 3:3)
나는 주님의 보혈로 속죄함을 받아 의롭게 되었고 정결함을 입은 그리스도의 신부입니다.(마 25:1-13)
나는 예수 그리스도를 믿음으로 하나님을 본받는 자입니다.(엡 5:1)

나는 하나님 나라를 위해 충성을 다하여 일하는

하나님의 종입니다.(행 16:17)
나는 하나님이 기르시는 하나님의 양입니다.(시 23:1,74:1)
너는 하나님의 양자의 영을 받아 하나님의 나라를
상속받을 후사입니다.(롬 8:16-17)
나는 하나님이 보호하시고 사랑으로 인도하시는
하나님의 백성입니다.(롬 9:25-26)
너는 하나님의 비밀인 그리스도의 복음을 맡아
충성스럽게 전하는 자입니다.(고전 4:1)

나는 하나님의 택함을 받은 족속입니다.(벧전 2:9)
나는 온 세계에 예수 그리스도의 십자가와 부활의
복음을 전하는 증인입니다.(행 1:8)
나는 선한 싸움을 싸우는 그리스도의 군사입니다.(딤후 2:3-4)
나는 주님의 몸 된 영광스러운 교회입니다.(엡 5:25-27)
나는 그리스도의 몸의 지체입니다.(엡 5:30)
나는 어두움에서 벗어나 이제 예수 안에서
빛의 자녀가 되었습니다.(엡 5:8)

나는 세상을 밝히는 빛이라(마 5:16)
나는 썩고 부패한 세상에 방부제인 소금입니다.(마 5:13)
나는 선한 일을 위해 예비 된 주님의 귀한 그릇입니다.(딤후 2:20)
나는 그리스도의 몸입니다.(엡 4:16)
나는 주님의 소유된 백성입니다.(벧전 2:9)

나는 거룩한 나라입니다.(벧전 2:9)
나는 사람 낚는 어부입니다.(마 4:19)
나는 왕 같은 제사장입니다.(벧전 2:9)
나는 하나님 나라를 상속받을 자입니다.(마 25:34)

나는 성령님으로 인하여 각양 은사를 받은 자입니다.(롬 8;31-32. 고전 7 : 11-)
나는 그리스도를 사모하며 바라는 자입니다.(히 9:27-28)
나는 하나님의 영광에 동참할 자입니다.(롬 5:2)
나는 예수님의 모든 시험에 항상 동참한 자이기에
장차 예수님의 상에서 예수님과 함께 먹고 마시며
이스라엘의 12지파를 다스리는 자가 될 것이라.(눅 22 : 28-30)
나의 몸은 성령 하나님께서 거하신 거룩한 성전입니다.(고전 3:16)

나는 그리스도와 함께 천국에서 세세 무궁토록
왕 노릇 할 자입니다.(계 3:21, 딤후 2:12)
나는 음부의 권세가 감히 이기지 못하는
성령의 사람입니다.(행 2:27)
나는 예수님 안에서 함께 후사가 되고 지체가 되어, 약속에 참예 할 자입니다.(엡 3:6)
나는 하나님을 따라 의와 진리로 거룩해진 새사람입니다.(엡 4:24)
이처럼 나는 하나님의 사랑과 예수 그리스도의 은혜와 성령의 은총으로 디자인 된 하나님의 최고 걸작품입니다.

나는 이처럼 보배롭고 존귀한 하나님의 자녀라.
이 놀라운 은총을 입은 자여! 하나님의 형상을
입은 자녀답게 하나님의 나라에서

예수 그리스도와 함께 영원히 영광을 누릴 자답게
하나님의 성품을 본받는 삶을 살며
하나님의 영광과 예수 그리스도의 십자가의 복음의 전달자로 죽도록
충성스럽게 헌신하며
성령의 역사로 성결과 정절을 지켜 순결한 주의 신부로서
험악한 세상에서 힘들고 괴롭고 슬프고 고통스럽더라도
오직 주의 약속을 믿음으로
끝까지 참고 견디어 선한 싸움에 승리하여
영광스러운 아버지의 나라에서 주님과 함께 영원히 영광을 누릴 것을
날마다 주님을 사모하는 자.

현재의 고난과 비교할 수 없는 장래의 영광

롬 8:18, "생각하건대 현재의 고난은 장차 우리에게 나타날 영광과 비교할 수 없도다."

악하고 불의한 세상은 멀지 않아 반드시
하나님의 맹렬한 불의 심판을 받을 것이라.

열쇠

사 22:22.
내가 또 다윗집의 열쇠를 그의 어깨에 두리니 그가 열면 닫을 자가 없겠고 닫으면 열 자가 없으리라.

열쇠는 권위와 접근성을 상징하는 중요한 은유입니다. '다윗의 열쇠'와 '베드로의 열쇠'는 각각 다른 맥락과 의미를 지닙니다.

다윗의 열쇠(계 3:7):
- 주체: 부활하신 예수 그리스도
- 다윗 왕국의 권위와 통치권: 예수님은 다윗의 후손으로 오신 영원한 왕으로서, 다윗 왕국의 권위와 통치권을 가지셨음을 상징합니다.
- 열고 닫는 절대적인 권세: 예수님만이 구원의 문을 열고 닫을 수 있는 절대적인 권세를 가지십니다. 그분이 허락하시면 누구도 막을 수 없고, 그분이 막으시면 누구도 열 수 없습니다.
- 하나님의 나라에 대한 주권: 하나님의 나라와 그 백성에 대한 예수 그리스도의 주권과 통치권을 나타냅니다.
- 복음 전파의 문: (일부 해석) 복음이 전파될 문을 여시는 권세를 상징하기도 합니다.

베드로의 열쇠(마 16:19)

• 주체: 베드로(베드로의 열쇠는 교회의 권위로 해석되기도 함)

• 천국의 문을 여는 권세
예수님께서 베드로에게 **"내가 천국의 열쇠를 네게 주리니 네가 땅에서 매는 것은 하늘에서도 매일 것이요 네가 땅에서 푸는 것은 하늘에서도 풀리리라."** 고 말씀하셨습니다. 이는 베드로가 복음을 선포하고 교회를 세우는 데 있어 천국에 들어가는 문을 여는 권세를 받았다는 의미로 해석됩니다. 베드로를 통해 초대교회의 문이 열리고 이방인 백부장 고넬료의 복음의 문이 열렸다.

• 매고 푸는 권세
매고 푼다는 것은 율법을 해석하고 적용하는 랍비들의 용어에서 유래했습니다. 베드로와 초대 교회는 예수님의 가르침을 바탕으로 무엇이 죄이고 무엇이 허용되는지를 결정하고 가르칠 권위를 부여받았다는 의미로 볼 수 있습니다.

• 교회의 권위
전통적으로 가톨릭 교회에서는 이 말씀을 근거로 베드로가 초대 교황으로서 특별한 권위를 가졌으며, 그 권위가 교황에게 계승되었다고 해석합니다. 반면, 개신교에서는 이 권세가 베드로 개인뿐 아니라 신실한 신앙고백 위에 세워진 모든 교회에 주어졌다고 해석하는 경향이 있습니다.

차이점 요약

다윗의 열쇠, 베드로의 열쇠 주체 예수 그리스도 사도 베드로(및 교회)
성격- 예수님의 왕적 권위, 구원의 주권, 하나님의 나라 통치 복음 전파를 통한 천국 문을 여는 권세, 교회의 권위
주요 의미- 절대적인 권세, 열면 닫을 자 없고 닫으면 열 자 없음 복음 선포와 가르침을 통한 영적 영향력 행사

결론적으로, 다윗의 열쇠는 부활하신 예수 그리스도의 고유한 권세와 능력을 상징하는 반면에, 베드로의 열쇠는 예수 그리스도께서 베드로와 교회를 통해 복음을 전파하고 영적인 영향력을 행사하도록 위임하신 권세를 상징한다고 볼 수 있습니다. 다윗의 열쇠는 예수님 자신의 주권적인 능력에 초점을 맞추고, 베드로의 열쇠는 그 권세가 교회를 통해 어떻게 나타나는지에 초점을 맞춥니다.

마 18:18, "진실로 너희에게 이르노니 무엇이든지 너희가 땅에서 매면 하늘에서도 매일 것이요 무엇이든지 땅에서 풀면 하늘에서도 풀리리라."

구약에는 다윗에게 주셨고 신약에서는 베드로가 받았고. 오늘날 에는 너희가 곧 믿는 모든 그리스도인들이 받았으니 바르게 잘 사용하여 땅 끝까지 복음을 전하는 주의 종들이 되시기를 축복합니다.

인간과 과학기술

사 40:26,
너희는 눈을 높이 들어 누가 이 모든 것을 창조하였나 보라 주께서는 수효대로 만상을 이끌어 내시고 각각 그 이름을 부르시나니 그의 권세가 크고 그의 능력이 강하므로 하나도 빠짐이 없느니라.

성도는 현대 과학을 무조건적으로 거부하거나 맹신하는 것이 아니라, 하나님의 창조 질서를 탐구하는 한 도구로 이해하고, 신앙의 기반 위에 겸손하고 분별력 있게 받아들이며, 인류와 창조 세계를 위한 선한 목적으로 활용해야 합니다.
신앙과 과학은 서로의 영역을 존중하며 협력해야 합니다. 그리하면 더 풍성한 진리를 발견하고 하나님의 영광을 드러낼 것입니다.

옷은 피부의 연장이고, 인간의 아름다움을 더해주는 매개체입니다. 자동차는 인간 다리의 연장이고, 도끼는 손의 연장이며. 안경은 눈의 연장입니다. 전화는 귀와 입의 연장이고. 텔레비전은 눈과 귀의 연장입니다.
과학기술로 개발된 매개체 덕분에 인간은 자신의 감각 능력을 확장할 수 있었고 새로운 세상을 만들고. 대자연에도 더 가깝게 다가갈 수 있었습니다.

인공지능은. 인간 두뇌의 연장이며 인간의 생각을 확장시켜 주는 매개체입니다.

알파고는 바둑의 묘수를 찾기 위해 인간이 사용하는 미디어인 셈입니다. 과학기술이나 미디어가 지나치게 발달하면 결국 인간을 지배하게 되지 않을까 하는 우려도 있습니다.
특히 알파고 쇼크 이후 인공지능과 로봇에 대한 두려움이 커지고 있고, 기계나 기술을 싫어하는 테크노포비아의 목소리도 들리고 있습니다. 사람처럼 생각하는 정교한 인공지능이 만들어지면 인간의 직업 중 많은 부분이 인공지능이나 기계로 대체될지도 모릅니다.
그러나 기계가 인간의 일자리를 위협한다고 해서 소수의 엔지니어나 개발자를 제외하고 모두 실직자가 되는 세상이 된다니 만무합니다. 그런 우려 때문에 과학기술 발전에 반대하는 것은 목욕물을 버리다가 아기까지 버리는 것과 다를 바 없습니다.
과학기술의 부작용이 있으면 새로운 과학기술을 통해 해결하면 될 일이지, 과학기술을 버리고 석기시대로 되돌아갈 수는 없습니다.
생각해 봅시다. 오늘날 과학기술이나 미디어가 없는 세상이 과연 가능이나 할까요?

과학기술이 환경과 자연을 훼손한다는 우려 때문에 과학기술을 멀리하면 인간은 경외감의 대상인 자연도 점점 더 멀어지게 됩니다. 대자연의 위대함은 인간의 제한적 감각으로 쉽게 다가설 수 없기에 자연에 다가서기 위해서는 오히려 과학기술이 필요합니다.

과학기술은 인간과 자연을 연결해 주는 매개체 역할을 합니다. 비행기나 탐험 장비 없이 알래스카 오지나 극지의 신비함, 알프스산맥이나 융프라우의 천혜의 아름다움을 접할 수 있습니까? 자연에 다가가기 위해 오히려 더 많은 과학기술과 매개체가 필요하다는 것이 오늘날과 같은 과학기술사회의 역설입니다.

인간의 본성적 열망은 과학기술과 미디어를 통해 실현될 수 밖에 없다. 인공지능도 그런 도구적 매개체의 하나입니다 인간은 인류 역사의 산물이자 인간 활동의 결과물로 만들어지듯 문화나 과학기술과 함께 살아가야 합니다. 자연과 문화의 공존. 인간과 과학기술의 조화는 인간사회가 추구해야 할 미래상입니다.

인간과 과학기술의 관계는 끊임없이 진화하며, 미래 사회의 모습을 결정하는 중요한 요소입니다. 과학기술의 긍정적인 영향을 극대화하고 부정적인 영향을 최소화해야 합니다.
인간과 과학기술은 서로에게 깊은 영향을 주고받는, 상호 의존적인 관계입니다. 인간의 삶은 과학기술의 발전에 따라 끊임없이 변화해왔고, 인간의 필요와 호기심이 과학기술의 발전을 이끌어왔습니다.
과학은 우주의 광대함, 생명체의 복잡성, 자연법칙의 정교함 등을 보여줍니다. 이를 통해 성도는 하나님의 창조 능력과 지혜에 더욱 경외감을 느끼고 찬양할 수 있습니다. 예를 들어, 천문학을 통해 우주의 장엄함을 깨닫거나, 생물학을 통해 생명체의 신비로운 질서를 발견하는 것은 신앙을 더욱 풍성하게 만들 수 있습니다.

죄와 더러움을 씻는 샘

슥 13:1,
그 날에 죄와 더러움을 씻는 샘이 다윗의 족속과 예루살렘 거민을 위하여 열리리라.

죄와 더러움을 씻는 샘에 대한 스가랴 13:1의 사실적이고 객관적인 개요와 신학적 맥락을 알아봅시다.

역사적 맥락

이 구절은 이스라엘의 회복과 정화를 약속하는 스가랴서의 예언 중 일부입니다. 여기에서 '샘'은 영적 정화의 원천을 비유합니다. 이는 하나님께서 그분의 백성이 죄를 씻을 수 있는 새로운 방법을 제공하실 것이라는 약속입니다.

신학적 맥락

- 죄와 더러움: 구약시대에 죄와 더러움은 영적 의미와 의식적 의미를 모두 가졌습니다. 죄는 하나님의 율법에 대한 도덕적 범죄였고, 의식적 더러움은 죽은 시체나 특정 질병과의 접촉 등으로 인해 발생했습니다. 이 구절은 두 가지로부터의 포괄적인 정화를 약속합니다.

- 샘: '샘'의 이미지는 구약의 제한적이고 일시적인 정화 의식과는 대조적으로, 지속적이고 접근 가능한 정화의 원천을 의미합니다. 이 '샘'은 "다윗의 족속"과 "예루살렘 주민" 모두에게 열려 있으며, 이는 하나님의 모든 백성에게 주어진 약속으로 해석될 수 있습니다.

이 구절은 종종 기독교인들에 의해 예수님의 십자가 대속적 희생에 대한 예언으로 해석됩니다. 그러나 원래의 맥락은 구약 시대와 미래의 메시아 왕국에 대한 기대 안에 있습니다.

이 구절을 예수님의 피를 궁극적인 죄의 정화 수단으로 여기는 신약 성경의 가르침은 씻음과 거룩함 깨끗함을 말하며 죄는 모든 질병의 원인이므로, 시편 103:2-3은 "내 영혼아 여호와를 송축하라…그가 네 모든 죄악을 사하시며 네 모든 병을 고치시며"라고 노래합니다.

죄의 용서와 병의 고침이 동일 선상에서 언급되는 것을 볼 수 있습니다. 이는 죄의 문제가 해결될 때 육체의 질병도 치유될 수 있다는 영적인 원리를 보여줍니다.

건강은 단순히 육체적 현상이 아니라 영혼의 상태와 밀접하게 연결되어 있습니다. 복음은 죄와 사망의 권세로부터의 해방을 선포합니다. 이는 우리의 육체적 질병에도 적용됩니다.

- 이사야 53:5은 **"그가 찔림은 우리의 허물 때문이요 그가 상함은 우리의 죄악 때문이라 그가 징계를 받으므로 우리는 평화를 누리고 그가 채찍에 맞으므로 우리는 나음을 받았도다."**라고 예언합니다. 예수님께서 십자가에서 당하신 고난은 우리의 죄를 사하기 위함뿐만 아니라, 우리의 질

병까지도 치유하기 위한 것임을 보여줍니다. 복음은 단순히 영혼의 구원만을 말하는 것이 아니라, 육체의 온전한 회복과 치유까지 포함하는 전인적 구원을 선포합니다.

"이는 선지자 이사야로 하신 말씀에 우리 연약한 것을 친히 담당하시고 병을 짊어지셨도다 함을 이루려 하심이더라."(마 8:17)

- 주님의 보혈은 질병을 포함한 모든 저주와 어둠의 세력을 이기는 능력이 있습니다. 복음은 우리가 질병의 고통으로부터 벗어날 수 있는 근본적인 해답이 예수 그리스도 안에 있음을 믿게 합니다.

"저가 빛 가운데 계신 것같이 우리도 빛 가운데 행하면 우리가 서로 사귐이 있고 그 아들 예수의 피가 우리를 모든 죄에서 깨끗하게 하실 것이요."(요일 1:7)

하나님께서는 우리에게 건강하게 살 수 있는 창조 질서를 주셨습니다. 건강은 단지 기도로만 얻어지는 것이 아니라, 하나님이 만드신 자연의 원리를 따라 사는 삶의 태도와도 연결됩니다.

- 육체는 성령의 전입니다.(고전 6:19-20) 우리의 몸을 함부로 대하거나 해롭게 하는 것은 하나님을 기쁘시게 하는 일이 아닙니다. 하나님께서 창조하신 몸을 건강하게 관리하는 것은 곧 하나님께 영광을 돌리는 일입니다.

- 건강한 식습관, 충분한 휴식, 적절한 운동은 하나님께서 우리에게 주신 육체의 질서를 지키는 중요한 방법입니다. 하나님은 우리에게 땅의 소산물과 자연을 선물로 주셨습니다. 이는 우리가 건강하게

살아가도록 돕는 창조의 섭리입니다. 인스턴트 식품, 과도한 음주, 스트레스 등 몸을 해치는 습관에서 벗어나, 하나님의 창조 질서를 따르는 삶을 살 때 건강을 지킬 수 있습니다.

성령님은 우리에게 다양한 은사를 주셔서 하나님의 뜻을 이루게 하십니다. 그중 하나가 치유의 은사입니다.

- 고린도전서 12:9은 "어떤 사람에게는 같은 성령으로 믿음을, 어떤 사람에게는 한 성령으로 병 고치는 은사를" 주신다고 말씀합니다. 성령님께서는 때로 기적적인 치유의 역사를 일으키기도 하십니다. 질병으로 고통받는 이들을 위해 기도하고, 성령의 치유 능력을 의지할 때 초자연적인 회복이 일어날 수 있습니다.

"그런즉 사랑하는 자들아 이 약속을 가진 우리가 하나님을 두려워하는 가운데서 거룩함을 온전히 이루어 육과 영의 온갖 더러운 것에서 자신을 깨끗하게 하자."(고후 7:1)

- 성령의 열매(갈 5:22-23) 중에 절제는 우리의 건강을 지키는 데 매우 중요한 요소입니다. 과음. 과식. 과열. 과욕. 과다. 성령의 인도를 받을 때 우리는 자신의 욕망을 절제하고, 몸을 해치는 습관에서 벗어나게 됩니다. 성령의 열매인 사랑과 희락, 화평은 마음과 영혼에 평안을 주어 스트레스를 줄이고, 곧 육체의 건강으로 이어집니다.

건강하고 강건하게 사는 비결은 하나님과의 깊은 관계 속에서 시작됩니다. 하나님의 말씀을 신뢰하고, 예수 그리스도의 복음을 의지하며, 몸을 성령의 전으로 관리하고, 성령의 도우심을 구함입니다.

여호와를 알자

호 6:3,
그러므로 우리가 여호와를 알자 힘써 여호와를 알자 그의 나오심은 새벽 빛같이 일정하니 비와 같이, 땅을 적시는 늦은 비와 같이 우리에게 임하시리라 하리라 그 때에야 그들이 나를 여호와인 줄 알리라.

"힘써 여호와를 알라"는 말씀은 깊고 영적인 의미를 담고 있습니다. 단순히 머리로 지식을 습득하는 것을 넘어, 하나님과의 인격적이고 실제적인 관계를 통해 그분을 깊이 경험하고 알아가라는 뜻입니다. 이 말씀의 영적, 신령한 의미는 다음과 같습니다.

1. 지식적인 앎을 넘어선 인격적인 관계

히브리어에서 '알다'는 '야다(yada)'라는 동사를 사용하는데, 이는 단순히 정보를 아는 것을 넘어 경험을 통해 친밀하고 깊이 알아가는 관계적 지식을 의미합니다. 예를 들어, 부부가 서로를 안다고 할 때, 이는 서로의 성격, 감정, 생각, 취향 등을 삶 속에서 함께하며 깊이 이해하는 것을 의미합니다. 마찬가지로, 하나님을 힘써 안다는 것은 그분의 성품, 뜻, 역사하심을 삶의 모든 영역에서 직접 경험하고 깨닫는 것을 뜻합니다.

2. 온 마음과 정성을 다한 추구

'힘써'라는 표현은 최선을 다해 적극적으로 노력해야 함을 강조합니다. 마치 누군가를 간절히 찾고 추적하듯이, 온 몸과 마음과 정성을 다해 하나님을 알려고 애쓰는 자세를 요구합니다. 이것은 수동적인 태도가 아니라, 간절함과 열정을 가지고 하나님을 구하며 나아가는 적극적인 신앙의 자세를 의미합니다.

3. 하나님과의 친밀한 교제와 순종

하나님을 안다는 것은 그분과의 친밀한 교제를 통해 그분의 음성을 듣고 그분의 뜻에 순종하는 삶을 의미합니다. 지식적으로만 아는 하나님이 아니라, 내 삶을 인도하시고 함께하시는 살아계신 하나님을 경험하며, 그분의 말씀에 따라 살아가는 것입니다. 이는 곧 하나님의 인애를 깨닫고, 그 인애를 본받아 실천하는 삶으로 연결됩니다.

4. 영적인 회복과 생명의 길

호세아 선지자 당시 이스라엘 백성은 하나님을 안다고 하면서도 우상을 섬기고 죄악에 빠져 있었습니다. 이는 하나님에 대한 피상적인 지식만 있었을 뿐, 진정으로 그분을 알지 못했기 때문입니다.

하나님을 깊이 알 때, 비로소 진정한 회개가 가능하고, 그분의 은혜와 축복을 경험하며 영적인 삶이 회복될 수 있습니다.

"**힘써 여호와를 알라.**"는 단순히 지식적인 앎을 넘어, 우리의 삶 전체를 통해 하나님과 깊이 교제하고, 그분을 인격적으로 경험하며, 그분의 뜻에 온전히 순종하는 삶을 살라는 영적이고 신령한 요청입니다. 이러한 앎은 우리의 영혼을 살리고 삶을 변화시키는 참된 능력의 원천이 됩니다.

겔 6:10, 내가 이런 재앙을 그들에게 내리겠다 한 말이 헛되지 아니 하리라.

에스겔은 주전 598년 느부갓네살이 예루살렘을 두 번째 침략하여
일만 명 이상을 포로로 끌고 갈 때,
여호야긴 왕과 함께 바벨론으로 끌려갔습니다.
그는 포로로 끌려간 지 5년 후에, 선지자로 부름을 받습니다.
하나님께서 에스겔에게 선포하도록 들려주신 말씀에는
"내가 여호와인 줄 알리라." 는 말씀이 많이 나옵니다.
예루살렘이 비참하게 멸망을 당한 이유는
그들에게 하나님에 대한 체험적 지식이 없었기 때문입니다.

호 4:6, 내 백성이 지식이 없으므로 망하는도다.

하나님이 예루살렘의 죄악에 대해
오랫동안 참으시다가 결국 심판하시는 목적도
'그들이 내가 여호와인 줄을 알게 하려는 것'이었습니다.
이렇게 하나님은 힘써 여호와를 알기를 원하십니다.
'여호와'

라는 호칭의 의미는 '스스로 있는 자(출 3:14)'입니다.
'나는 나다'라는 말입니다.

그분은 영원하신 분, 변함이 없는 분이십니다.
전능하시고 은혜로우신 분이십니다. 만물의 창조주이며 보전자요 통치자요 섭리자이십니다. 구원자요 심판자이십니다.
"내가 여호와인 줄 알리라." 는 말씀은 유다 백성이 반드시 여호와 하나님을 경험하게 될 것이라는 의미입니다.

하나님을 심판자로 경험하는 유다 백성이 있는 반면에(겔6:1~7), 구원자로 경험하는 남은 자들이 있습니다(겔6:8~10).
선민으로서 많은 복을 약속받았던 이스라엘 백성은
불순종하고 우상을 숭배하다가 심판 중에야 여호와를 경험합니다.
그러나 그들 중에, 자신의 죄를 깨닫고 회개한
'남은 자'들은 심판의 자리에서도
구원하시는 여호와를 경험했습니다.
우리는 하나님이 여호와이신 줄을 반드시 경험하게 됩니다. 심판자 혹은 구원자로 말입니다. 중요한 것은 언제, 어디서, 어떻게 이 진리를 경험하고 깨닫게 되느냐는 것입니다.

사랑의 하나님! 우리를 미리 택하고 부르셔서 의롭다 하신 주님의 은혜를 감사합니다. 주의 백성답게 힘써 여호와를 알고 경험하기를 원합니다.
우리의 행위를 살피사 심판의 자리가 아닌 구원과 은총의 자리에서 여호와를 만나게 하옵소서.
예수 그리스도의 이름으로 기도합니다.

백기호목사가 전하는
바다의 샘

신약 메시지

영적 싸움

마 4:1,
그때에 예수께서 성령에게 이끌리어 마귀에게 시험을 받으러 광야로 가사.

사람의 모습을 입고 이 세상에 오신 예수님은
우리를 대신하여 마귀(사탄)로부터 각가지 시험을 받으셨으나
모든 시험과 유혹을 말씀으로 승리하셨습니다

1) 먹고사는 문제로 유혹
시험하는 자(마귀, 사탄)의 말=마 4:3, "네가 만일 하나님의 아들이어든 명하여 이 돌들이 떡덩이가 되게 하라."
예수님의 답변=마 4:4, "사람이 떡으로만 살 것이 아니요 하나님의 입으로 나오는 모든 말씀으로 살 것이라."

2) 세상의 명예와 권세로 유혹.
시험하는 자(마귀. 사탄)의 말="네가 나에게 절하면(사탄숭배: 우상숭배) 세상의 명예와 권세를 네게 다 주리라"고 유혹하다.

눅 4:5~7, "마귀가 또 예수를 이끌고 올라가서 순식간에 천하 만국을 보이며 가로되 이 모든 권세와 그 영광을 내가 네게 주리라 이것은 내게 넘겨준 것이므로 나의 원하는 자에게 주노라 그러므로 네가 만일 내게 절하면 다 네 것이 되리라."

예수님의 답변=눅 4:8, "기록하기를 주 너의 하나님께
경배하고 다만 그를 섬기라 하였느니라."

3) 하나님의 사랑과 능력의 보호하심을 시험함
마귀(사탄)의 말=성전 꼭대기에서 뛰어내리라고 하다.
마 4:5~6, "마귀가 예수님을 거룩한 성전 꼭대기에 세우고 네가 만일 하나님의 아들이어든 여기서 뛰어내리라 저가 너를 위하여 그 사자들을 명하시리니 저희가 손으로 너를 받들어 발이 돌에 부딪히지 않게 하리로다."
예수님의 답변=마 4:7, "말씀하시기를 주 너희 하나님을 시험치 말라하였느니라."

우리도 이 세상에 살아갈 때에 예수님께서 당하신 것과
똑같은 시험들을 매일 받고 살게 됩니다.
- 먹고사는 문제.
- 명예와 권세 문제.
- 하나님 말씀과 사랑과 은혜냐?
- 마귀(사탄)의 유혹과 위협이냐?
그때마다 예수님처럼 오직 하나님의 말씀과
기도로 물리치고 승리하며 주의 길을 따라가야 합니다.

나는 이 세 가지 시험에서 넘어진 적이 없었는가?
먹고살기 위하여 사업의 분주함 때문에 주를 멀리하지 않았나?
가족의 생계를 유지를 위하여 직장 때문에

교회를 나가지 못하는 유혹을 받지 않았나?
세상 권세를 얻으려는 욕심의 유혹 때문에
주를 멀리하지 않았나?

- 국회의원이라는 권세를 얻은 후에
  하나님의 공의와 정의를 따라 살지 않고
  부정한 정당의 정책에 동조하며 불의와 불법을 자행하지 않았는가?
- 헌법을 준수하여 공정하고 정의로 판결하여
  나라의 평안을 이루어야 할 검사와 판사와 경찰관과
  행정부원으로서 불의와 불법을 행하지 않았나?

권세자들의 핍박 때문에.
세상의 명예의 탐심 때문에.
정욕과 탐심의 유혹 때문에.
사탄숭배. 우상숭배. 조상숭배. 사람숭배(이단자). 미신숭배. 서물숭배. 무당. 관상. 철학
사주팔자, 토정비결. 등을 행하여
전능하신 하나님을 시험하는 죄.
성령의 역사를 훼방하는 죄.
하나님의 사랑과 은혜를 무시하는 죄.
이러한 무서운 죄가 나의 삶 속에 한 번도 있었지 않았나?

나의 죄를 온전히 자백하며 회개합시다.

요일 1:9, "만일 우리가 우리 죄를 자백하면 그는 미쁘시고 의로우사 우리 죄를 사하시며 우리를 모든 불의에서 깨끗하게 하실 것이요."

회개에 합당한 열매를 맺으라!

우리 주님은 이 세상을 이기셨습니다.
요 16:33, "이것을 너희에게 이름은 너희로 내 안에서 평안을 누리게 하려 함이라 세상에서는 너희가 환난을 당하나 담대하라 내가 세상을 이기었노라 하시니라."

우리에게 감당할 시험과 피할 길을 주신 주님이십니다.
고전 10:13, "사람이 감당할 시험 밖에는 너희에게 당한 것이 없나니 오직 하나님은 미쁘사 너희가 감당치 못할 시험 당함을 허락지 아니하시고 시험당할 즈음에 또한 피할 길을 내사 너희로 능히 감당하게 하시느니라."

여러 가지 시험을 당할 때 온전히 기쁘게 여기십시오.
약 1:2~4, "내 형제들아 너희가 여러 가지 시험을 만나거든 온전히 기쁘게 여기라 이는 너희 믿음의 시련이 인내를 만들어 내는 줄 너희가 앎이라 인내를 온전히 이루라 이는 너희로 온전하고 구비하여 조금도 부족함이 없게 하려 함이라."

시험을 이긴 자는 영혼의 구원을 얻게 하십니다.
벧전 1:6~7, 9, "너희가 이제 여러 가지 시험을 인하여 잠깐 근심하게 되지 않을 수 없었으나 오히려 크게 기뻐하도다 너희 믿음의 시련이 불로 연단하여도 없어질 금보다 더 귀하여 예수 그리스도의 나타나실 때에 칭찬과 영광과 존귀를 얻게 하려 함이라 믿음의 결국 곧 영혼을 구원을 받음이라."

예수님의 시험에 동참한 자들의 영광!

눅 22:28~30, "너희는 나의 모든 시험 중에 항상 나와 함께한 자들인즉 내 아버지께서 나라를 내게 맡기신 것 같이 나도 너희에게 맡겨 너희로 내 나라에 있어 내 상에서 먹고 마시며 또한 보좌에 앉아 이스라엘 열 두 지파를 다스리게 하려 하노라."

시험받는 자를 능히 도우시는 주님이십니다.
히 2:18, "그가 시험을 받아 고난을 당하셨은즉 시험받는 자들을 능히 도우실 수 있느니라."
마 24:13, "그러나 끝까지 견디는 자는 구원을 얻으리라."

인내의 말씀을 지킨 자들을 마지막 심판의 시험의 때를 면하게 하시는 하나님이십니다.
계 3:10~11, "네가 나의 인내의 말씀을 지켰은즉 내가 또한 너를 지키어 시험의 때를 면하게 하리니 이는 장차 온 세상에 임하여 땅에 거하는 자들을 시험할 때라 내가 속히 임하리니 네가 가진 것을 굳게 잡아 아무나 네 면류관을 빼앗지 못하게 하라."

내게 능력 주시는 주 안에서 승리합니다.
빌 4:13, "내게 능력 주시는 자 안에서 내가 모든 것을 할 수 있느니라."
요 14:1, "너희는 마음에 근심하지 말라 하나님을 믿으니 또 나를 믿으라."

기도하는 자의 마음과 생각을 지키시는 하나님이십니다.
빌 4:6~7, "아무것도 염려하지 말고 다만 모든 일에 기도와 간구로, 너희 구할 것을 감사함으로 하나님께 아뢰라 그리하면 모든 지각에 뛰어난 하나님의 평강이 그리스도 예수 안에서 너희 마음과 생각을 지키시리라."

우리에게 이길 힘을 주신 하나님께 감사합시다.

고전 15:56~58, "우리 주 예수 그리스도로 말미암아 우리에게 승리를 주시는 하나님께 감사하노니 그러므로 내 사랑하는 형제들아 견실하며 흔들리지 말고 항상 주의 일에 더욱 힘쓰는 자들이 되라 이는 너희 수고가 주 안에서 헛되지 않은 줄 앎이라."

끝까지 이기는 자에게
생명의 면류관을, 정금 면류관을, 의의 면류관을,
의의 흰 옷을, 철장권세를, 새 이름을 주시고
주의 상에서 함께 먹고 마시게 하리라.

예수님의 이름 권세=천국 열쇠

마 16:19,
내가 천국 열쇠를 네게 주리니 네가 땅에서 무엇이든지 매면 하늘에서도 매일 것이요 네가 땅에서 무엇이든지 풀면 하늘에서도 풀리리라 하시고.

천국에 들어갈 수 있는 단 하나의 길은(열쇠)
[주는 그리스도요 살아계신 하나님의 아들이심을 믿고 주를 의지하는 믿음이라]
"시몬 베드로가 대답하여 이르되 [주는 그리스도시요 살아 계신 하나님의 아들이시니이다]
예수께서 대답하여 이르시되 바요나 시몬아
네가 복이 있도다 이를 네게 알게 한 이는
혈육이 아니요 하늘에 계신 내 아버지시니라
또 내가 네게 이르노니 너는 베드로라 내가 이 반석 위에
내 교회를 세우리니 음부의 권세가
이기지 못하리라 내가 [천국 열쇠]를 네게 주리니
네가 땅에서 무엇이든지 매면 하늘에서도 매일 것이요
네가 땅에서 무엇이든지 풀면 하늘에서도 풀리리라."(요 16:16~19)

천국의 열쇠는 [살아계신 하나님의 아들 주 예수 그리스도시라] 길이요 진리요 생명이신 예수

"예수께서 이르시되 내가 곧 길이요

진리요 생명이니 [나로 말미암지 않고는
아버지께로 올 자가 없느니라]"
예수를 믿는 자는 죄와 사망에서 구원받아
하나님의 나라에 들어가서 주와 함께 영원히
영생을 누리게 됨이라."(요 14:6)

예수 그리스도의 이름 권세
어느 날 갑자기 집 앞에서, 정문 키의 비밀번호가 먹히지 않아
바로 집 안으로 들어가지 못한 적이 있었습니다.
그때 황당한 생각이지만, 내가 천국문 앞에 섰는데…
베드로 사도가 말하되 이곳에 들어가려면
비밀번호를 대라고 하면….?
나는 비밀번호는 잘 모르고 오직 [예수님의 이름]만 알고 그분의 말씀만 믿고 살았었는데요…
그때 베드로 사도는 기뻐하며 당신은 [예수님의 이름]을 믿는 자니 어서 들어오세요, 하고 영접하였습니다.
천국은 하나님의 자녀만이 들어가는 곳.
우리는 이제 하나님의 자녀요 성도와 동일한 시민이요 하나님의 권속이라.

"영접하는 자 곧 그 이름을 믿는 자들에게는
하나님의 자녀가 되는 권세를 주셨으니
이는 혈통으로나 육정으로나 사람의 뜻으로 나지 아니하고
오직 하나님께로부터 난 자들이니라."(요 1:12~13)

"하나님이 세상을 이처럼 사랑하사 독생자를 주셨으니

이는 저를 믿은 자마다 멸망치 않고 영생을 얻게 하려 하심이니라."(요 3:16)

예수의 이름의 뜻

"아들을 낳으리니 이름을 [예수]라 하라
[이는 그가 자기 백성을 저희 죄에서 구원할 자이심이라 하니라]"(마 1:21)
"주 예수를 믿으라 그리하면 너와 네 집이 구원을 얻으리라."(행 16:31)

모든 일과 기도를 온전히 이루시는 예수님의 권세

"내 이름으로 무엇이든지 내게 구하면 내가 시행하리라."(요 14:14)

죽은 자를 살리고 산 자를 영광스러운 몸으로 변화시킬 권세

"예수께서 가라사대 나는 부활이요 생명이니
나를 믿는 자는 죽어도 살겠고 무릇 살아서
나를 믿는 자는 영원히 죽지 아니하리니 이것을 네가 믿느냐."(요 11:25~26)
"우리의 시민권은 하늘에 있는지라
거기로부터 구원하는 자 곧 주 예수 그리스도를 기다리노니
그는 만물을 자기에게 복종하게 하실 수 있는 자의 역사로 우리의 낮은 몸을
자기 영광의 몸의 형체와 같이 변케 하시리라."(빌 3:20~21)
"누구든지 주의 이름을 부르는 자는 구원을 얻으리라 하였느니라."(행 2:21)

심판자이신 예수님의 권세

(계 18:20)
"하늘과 성도들과 사도들과 선지자들아 그를 인하여 즐거워하라 하나님이
너희를 신원하시는 심판을 그에게 하셨음이라."
"하나님 앞과 산 자와 죽은 자를 심판하실 그리스도 예수 안에서 그의
나타나실 것과 그의 나라를 두고 엄히 명하노라."(딤후 4:1)

예수님의 권세

우주와 세상을 주관하시는 권세

인간의 생사화복을 주관하시는 권세

악인과 선인을 구별하여 심판하실 권세

나라의 정세와 흥망성쇠를 주관하시는 권세

죄인의 죄를 용서할 권세

각색 병든 자를 고치는 권세

죽은 자를 살리는 권세

택한 자를 구원하시는 권세

전쟁을 주관하는 권세

(전쟁은 하나님께 속한 것이라)

사탄 마귀 귀신을 제압하신 권세

어두움의 세력을 빛으로 물리치는 권세

모든 것을 사실 그대로 드러내시어 정의와 공의로
심판하시는 권세

예수님 권세, 예수님 권세, 예수님 권세 내 권세.

승리는 내 것일세, 승리는 내 것일세

구세주의 보혈로서 승리는 내 것일세. 아멘.

바로 알고, 바로 믿고, 바로 살라

마 22:29,
예수께서 대답하여 가라사대 너희가 성경도 하나님의 능력도 알지 못하는 고로 오해하였도다.

'하나님을 바르게 믿지 않으면 독이 된다'는 말은 단순히 종교적인 경고를 넘어선 깊은 영적 의미를 담고 있습니다. 이는 하나님을 향한 믿음의 방식과 태도가 개인의 영혼과 삶에 지대한 영향을 미친다는 것을 강조합니다.

1. 왜곡된 믿음의 해로움

- 자기 의로움과 교만: 하나님을 바르게 믿지 않는다는 것은 종종 자신의 생각이나 이익을 하나님보다 앞세우는 것을 의미합니다. 이러한 믿음은 자기 의로움과 교만으로 이어져 다른 사람을 정죄하거나 배척하게 만들 수 있습니다. 스스로 옳다고 여기는 독선적인 태도는 공동체와의 단절을 가져오고, 결국 영적 고립을 초래합니다.

- 율법주의적 굴레: 하나님의 사랑과 은혜보다는 율법이나 규칙에 얽매이는 믿음은 영적인 자유를 잃게 합니다. 행위에만 초점을 맞추

어 스스로를 끊임없이 판단하고 정죄하며, 타인에게도 동일한 잣대를 들이대게 됩니다. 이는 영혼의 기쁨을 앗아가고, 신앙생활을 무거운 짐으로 만들 수 있습니다.

- 오해와 불신: 하나님을 잘못 이해하면 그분에 대한 오해와 불신이 쌓입니다. 예를 들어, 하나님을 두려움의 대상으로만 여기거나, 자신의 필요를 채워 주는 존재로만 인식하면, 진정한 사랑과 관계를 형성하기 어렵습니다. 이러한 불신은 영적 성장을 방해하고, 삶의 어려움 속에서 좌절하게 만들 수 있습니다.

- 세속적인 욕망의 추구: 하나님을 바르게 믿지 않을 때, 신앙이 오히려 세상적인 성공이나 물질적 풍요를 위한 수단으로 전락할 수 있습니다. 이는 기복신앙으로 이어져 하나님의 뜻보다는 자신의 욕망을 이루기 위한 도구로 신앙을 이용하게 만듭니다. 결국 영혼은 공허해지고, 참된 만족을 얻지 못하게 됩니다.

2. 바른 믿음의 중요성

- 사랑과 겸손의 기초: 하나님을 바르게 믿는다는 것은 하나님의 사랑과 은혜를 깊이 깨닫고 그분 앞에 겸손히 나아가는 것을 의미합니다. 이러한 믿음은 자신을 사랑하듯 이웃을 사랑하고, 섬김과 나눔의 삶을 살게 합니다.

- 자유와 평안: 율법의 굴레에서 벗어나 그리스도 안에서 참된 자유와 평안을 누리게 됩니다. 하나님의 용서와 은혜를 통해 죄책감에서 벗어나며, 삶의 어떤 상황 속에서도 흔들리지 않는 내적 평화를 경험하게 됩니다.

- 영적 성장과 성숙: 하나님을 바르게 알아갈수록 영적으로 더욱 깊어지고 성숙해집니다. 말씀과 기도를 통해 하나님과 교제하며, 그분의 뜻을 분별하고 순종하는 삶을 살게 됩니다. 이는 삶의 모든 영역에서 긍정적인 변화를 가져옵니다.

- 참된 만족과 기쁨: 하나님 안에서 참된 만족과 기쁨을 발견하게 됩니다. 세상이 줄 수 없는 영원한 가치를 추구하며, 하나님의 임재 속에서 진정한 행복을 경험하게 됩니다.

결국 '하나님을 바르게 믿지 않으면 독이 된다'는 말은, 껍데기뿐인 신앙생활이나 왜곡된 믿음이 오히려 영혼을 병들게 하고 삶을 황폐하게 만들 수 있다는 경고입니다. 반대로 하나님의 사랑과 진리에 근거한 바른 믿음은 우리 영혼을 살리고, 삶을 풍요롭게 하며, 참된 기쁨과 평안을 가져다주는 생명의 양식이 되기 위해서 종교적 탈을 과감히 벗고 신령한 생명의 지식인 "호크마"지혜의 계시인 성령의 인도하심을 구하는 속사람을 강건하게 하시기를 이 하루도 축복합니다,

육신을 이기는 자

마 26:41,
시험에 들지 않게 깨어 있어 기도하라 마음에는 원이로되 육신이 약하도다 하시고

시험을 이기는 자는 기도하는 자.
육신을 이기는 자는 기도하는 자입니다.
'마음은 원이로되 육신이 약하도다.'라는 말은 인간의 정신과 육체의 괴리를 나타내는 표현입니다. 이 두 요소의 차이를 다양한 측면에서 살펴볼 수 있습니다.

1. 의지와 능력의 차이

마음:
- 인간의 의지, 욕망, 열정, 정신적인 힘을 상징합니다.
- 어떤 일을 하고자 하는 강력한 동기부여가 됩니다.
- 이상적인 목표를 설정하고 추구하는 힘을 제공합니다.

육신:
- 인간의 신체, 체력, 물리적인 능력을 상징합니다.

- 제한된 에너지와 물리적 한계를 가지고 있습니다.
- 질병, 피로, 노화 등으로 인해 약해질 수 있습니다.

2. 이상과 현실의 차이

마음:

- 이상적인 목표, 높은 수준의 성취, 완벽함을 추구합니다.
- 때로는 현실적인 제약이나 어려움을 간과할 수 있습니다.

육신:

- 현실적인 제약과 한계 속에서 움직입니다.
- 이상적인 목표를 달성하기 위한 도구이지만,

그 자체로 한계를 가지고 있습니다.

3. 정신과 물질의 차이:

마음:

- 비물질적인 영역에 속하며, 생각, 감정, 의지 등을 포함합니다.
- 상대적으로 자유롭고 무한한 가능성을 가지고 있습니다.

육신:

- 물질적인 영역에 속하며, 물리적인 법칙의 지배를 받습니다.
- 제한된 자원과 에너지, 물리적인 한계를 가지고 있습니다.

4. 성경적 의미:

이 표현은 성경에서 유래되었으며, 인간의 연약함과 한계를 나타냅니다. 인간은 이상적인 목표를 추구하지만, 육체적인 한계로 인해 어려움을 겪는다는 의미를 담고 있습니다.
예수님께서 겟세마네 동산에서 제자들에게 하신 말씀입니다. 예수께서는 제자들에게 기도하며 깨어있으라고 하였지만 제자들은 육신의 피곤함을 이기지 못하고 잠에 들었습니다. 이러한 연약한 제자들에게 주님께서는 "마음에는 원이로되 육신이 약하도다." 라고 말씀을 하시면서 그들의 연약함을 위로하였습니다.

마음과 육신은 서로 다른 개념으로, 보통 심리적, 정신적 측면과 신체적, 생리적 측면을 구분하는 데 사용됩니다.

마음(心):
마음은 주로 감정, 생각, 느낌과 관련된 비물질적인 부분을 의미합니다. 인간의 감정, 인식, 기억, 사고 과정 등 정신적인 활동이 포함됩니다. 종종 심리학, 철학, 종교 등의 분야에서 중요한 주제로 다루어집니다. 예를 들어, 사랑, 슬픔, 행복 등의 감정과 결단, 창의력 등의 정신적 활동이 모두 마음과 관련됩니다.

육신(肉身):
육신은 물리적인 신체, 즉 생리적이고 생물학적인 측면을 나타냅니다

다. 사람의 신체, 장기, 조직, 세포 등으로 구성되어 있으며, 생리적인 기능과 생명 활동을 담당합니다.
육신은 과학적, 의학적 관점에서 연구되어지는 주제로, 건강, 질병, 신체적 능력 등이 관련됩니다.

마음은 우리의 내면세계와 관련된 반면,
육신은 우리의 외부 세계와 신체적 존재를 나타냅니다.
두 가지는 상호작용하며 인간의 전체적인 경험과 행동에 중요한 영향을 미칩니다.

롬 6:19, 너희 육신이 연약하므로 내가 사람의 예대로 말하노니 전에 너희가 너희 지체를 부정과 불법에 드려 불법에 이른 것 같이 이제는 너희 지체를 의에게 종으로 드려 거룩함에 이르라.

결론적으로, '마음은 원이로되 육신이 약하도다.'라는 말은 인간이 이상과 현실 사이에서 겪는 괴리, 정신과 육체의 불균형을 나타내는 표현입니다. 이를 이기는 능력은 성령의 능력으로, 영을 쫓아 행하는 기도의 능력으로 이기게 됩니다.

롬 8:5, 육신을 좇는 자는 육신의 일을 영을 좇는 자는 영의 일을 생각하나니

에바다

막 7:34, 하늘을 우러러 탄식하시며 그에게 이르시되 에바다 하시니 이는 열리라는 뜻이라

인간은 죄 때문에 에덴의 축복을 빼앗겼습니다.
죄로 말미암아 하나님과의 단절, 그것은 모든 것을 잃어버리는 사건이었습니다.
그 누구보다도 큰 고통 속에서 사는 한 사람이 등장합니다.
귀 먹고 말 더듬는 이중 장애가 있는 사람,
예수님이 사셨던 당시에는
이런 장애를 저주받은 인생의 표상으로 생각했습니다.

그러니 그는 가난한 삶은 물론이고, 인간관계의 단절,
신앙 공동체로부터의 소외를 경험했을 것입니다.
철저한 고독입니다. 흑암입니다.
사방으로 욱여쌈을 당한 인생입니다.
그런데 예수님께서 오늘 그 사람을 만나 주셨습니다.
그리고 하늘을 우러러 탄식하셨습니다.
주님이 이렇게 탄식하신 이유는,
그 인생의 고통을 공감하셨기 때문입니다. 또한 그 영혼을

깊이 사랑하셨기 때문입니다.
이처럼 예수님은 인생들의 고통을 외면한 채
하늘의 영광스런 보좌에만 앉아 계시는 분이 아니십니다.

오히려 마치 자신이 죄 지은 것처럼 고통스러워하셨고,
마치 자신이 죄인인 것처럼 십자가에 달려 죽으셨습니다.
아담의 죄로 인해 에덴의 축복을 빼앗긴 채
날마다 고통 속에서 살아가는 인생들에게
예수님께서 '열려라! 에바다!', '새로운 에덴'의 문을 활짝 열어 주셨습니다.

에바다(אתפתח)는 예수님께서 귀먹고 말 못 하는 사람을 고치실 때 사용하신 말씀으로, 마가복음 7장 34절에 기록되어 있습니다. 이 단어의 직접적인 뜻은 "열려라!"입니다.
이 단순한 외침 속에는 더 깊은 영적 의미가 담겨 있습니다.

- 닫힌 것의 열림: 귀가 막히고 입이 굳게 닫혀 소통할 수 없었던 사람에게 "열려라!"라고 말씀하신 것은, 영적으로 닫혀 있던 우리의 마음과 영혼이 하나님께로 향해 열릴 것을 상징합니다. 죄와 세상의 욕심으로 굳게 닫힌 마음의 문이 예수 그리스도의 권능으로 열리고, 하나님의 음성을 듣고 그분을 향해 말할 수 있게 되는 은혜를 보여줍니다.

- 새로운 시작과 회복: "열려라!"는 억압과 고통으로부터의 해방, 그리고 새로운 삶의 시작을 의미합니다. 과거의 어둠과 절망에서 벗어나 하나님의 빛 가운데로 나아가는 변화를 나타냅니다.

- 믿음과 순종의 촉구: 예수님의 "에바다"라는 말씀에는 그분의 권능에 대한 믿음과 그 말씀에 순종할 때 일어나는 놀라운 역사가 담겨 있습니다. 우리 또한 믿음으로 마음의 문을 열고 하나님의 말씀에 순종할 때, 놀라운 변화와 회복을 경험할 수 있습니다.

- 소통과 관계의 회복: 귀와 입이 열림으로써 그 사람은 세상과의 소통을 회복했을 뿐만 아니라, 하나님과의 영적인 소통 또한 가능하게 되었습니다. 이는 하나님과의 단절되었던 관계가 예수 그리스도를 통해 회복되고, 그분과 친밀한 교제를 나눌 수 있게 됨을 의미합니다.

"에바다"는 단순한 치유의 외침을 넘어,
영적으로 닫힌 우리의 마음이 하나님의 은혜로 활짝 열리고,
하나님과의 관계가 회복되며,
새로운 삶을 살아가도록 촉구하는 영적 메시지를 담고 있습니다.

오늘, 이 하루도 그대가 머무는 그곳은
하나님이 함께 계셔서 모든 눈물을 그 눈에서 닦아 주시고
다시는 사망이 없고, 애통하는 것이나 곡하는 것이나

아픈 것이 다시 있지 아니하는 곳입니다.(계21:4)
오늘, 우리 주변을 돌아봅시다.
아직도 철저한 고독과 흑암 가운데서
신음하며 살아가는 사람들이 얼마나 많습니까?

그들에게도 내가 만난 예수님,
그 눈에서 눈물을 닦아 주실 예수님이 계심을 전하는
복된 날 되길 소망합니다.

사랑의 하나님! 흑암 가운데 살던 우리에게 예수 그 하늘을 우러러 탄식하시며 그에게 이르시되 에바다 하시니 이는 열리라는 뜻이라.(막 7:34)

좋은 것을 주시는 아버지

눅 11:13,
너희가 악할지라도 좋은 것을 자식에게 줄 줄 알거든 하물며 너희 하늘 아버지께서 구하는 자에게 성령을 주시지 않겠느냐 하시니라.

'좋은 것을 주시는 하나님'이라는 고백은
단순히 물질적 축복만을 의미하지 않습니다.
이는 하나님의 본질과 우리의 관계, 그리고
삶의 깊은 의미를 포괄하는 영적인 진리입니다.
이 고백 속에는 하나님의 성품, 우리의 삶을 향한 그분의 뜻, 그리고
보혜사 성령은 우리가 어떻게 그분을 신뢰하며 살아야 하는지에 대한
심오한 통찰이 담겨 있습니다.

1. 하나님의 선하심과 완전하심

하나님께서 좋은 것을 주신다는 믿음의 근원은 하나님의 본질적인 선하심에 있습니다. 성경은 하나님을 "빛이시라 그에게는 어둠이 조금도 없으시다."(요일 1:5)라고 묘사하며, "온갖 좋은 은사와 온전한 선물이 다 위로부터 빛들의 아버지께로부터 내려오나니 그는 변함도 없으시고 회전하는 그림자도 없으시니라."(약 1:17)고 선포합니다.

이 구절들은 하나님이 완전하고 변함없는 선 자체임을 보여줍니다. 그분은 악을 행하시거나 부족한 것을 주실 수 없습니다. 우리가 경험하는 모든 좋은 것의 궁극적인 근원은 그분에게서 비롯됩니다. 이는 단순히 세상의 좋은 일들이 우연히 일어나는 것이 아니라, 하나님의 선한 성품에서 흘러나오는 것임을 깨닫게 합니다.

2. 하나님의 관점과 인간의 제한적 시야

우리가 좋은 것이라고 생각하는 기준과 하나님의 기준은 다를 수 있습니다. 우리는 종종 즉각적인 만족이나 세상적인 성공을 좋은 것으로 여기지만, 하나님은 우리의 영원한 유익과 성숙을 기준으로 좋은 것을 주십니다.

때로는 고난이나 역경이 우리에게는 힘들고 좋지 않아 보일 수 있지만, 그 안에는 하나님께서 우리를 연단하고 더 큰 선으로 이끌기 위한 숨겨진 목적이 있을 수 있습니다. 예를 들어, 다이아몬드가 되기 위해 혹독한 압력과 열을 견뎌야 하는 탄소처럼, 우리의 영혼도 때로는 고통을 통해 정화되고 단단해집니다.

이처럼 하나님은 우리의 가장 깊은 필요와 영적인 성장을 위해 때로는 우리가 이해하기 어려운 방식으로 역사하십니다. 이는 하나님이 우리에게 유익하도록 "모든 것을 합력하여 선을 이루시는"(롬 8:28) 분이라는 믿음과 연결됩니다.

3. 가장 좋은 선물: 예수 그리스도와 구원

하나님께서 우리에게 주신 가장 크고 궁극적인 좋은 것은 바로 예수 그리스도입니다. "하나님이 세상을 이처럼 사랑하사 독생자를 주셨으니 이는 그를 믿는 자마다 멸망하지 않고 영생을 얻게 하려 하심이라."(요 3:16)는 말씀처럼, 예수님은 우리에게 영원한 생명과 죄로부터의 자유를 주시기 위해 오셨습니다.

이것은 단순히 물질적인 축복이나 세상적인 성공을 뛰어넘는 영적인 구원과 회복의 선물입니다. 예수님을 통해 우리는 하나님과의 깨어진 관계를 회복하고, 참된 평안과 기쁨을 누리며, 영원한 소망을 갖게 됩니다. 이보다 더 좋은 것은 세상에 없습니다.

우리가 예수님을 통해 받은 구원은 모든 것을 아우르는 최고의 선물이며, 이를 통해 우리는 하나님의 선하심을 가장 분명하게 경험할 수 있습니다.

4. 믿음과 순종을 통한 경험

하나님께서 좋은 것을 주신다는 것은 단순히 수동적인 기다림이 아니라, 적극적인 믿음과 순종을 요구합니다. 우리가 하나님의 선하심을 신뢰하고 그분의 뜻에 순종할 때, 우리는 그분이 예비하신 좋은 것들을 더 깊이 경험할 수 있습니다. 이는 우리가 그분과의 관계 속에서 성장하고, 그분의 사랑을 깨달아가며, 그분께서 우리에게 베푸시는 모든 것에 감사하는 마음을 갖게 합니다.

'좋은 것을 주시는 하나님'이라는 고백은 하나님의 변함없는 선하심과 우리의 영적인 성숙을 향한 그분의 깊은 사랑, 그리고 예수 그리스도를 통한 구원의 선물을 의미합니다. 우리는 우리의 제한된 시야를 넘어 하나님의 넓고 깊은 섭리를 신뢰하며, 그분께서 우리에게 가장 좋은 것을 주신다는 믿음 안에서 평안과 소망을 얻을 수 있습니다.

부모와 스승의 공통적인 역할은 아이에게 '자립심'을 키워주는 것입니다. 그래서 아이가 도움을 필요로 할 때 오히려 외면하는 경우가 더러 있습니다. 이 때문에 아이는 자신의 요구대로 응해주지 않는 부모님과 스승을 오해하고 서운해 하거나 성을 내기도 합니다. 하나님 아버지의 마음이 이와 같다는 것입니다.
"너희가 악하면서도 자녀에게 좋은 것을 줄 줄 알거든 하늘에 계신 아버지께서야 구하는 사람에게 더 좋은 것 곧 성령을 주시지 않겠느냐." 고 말씀하고 있습니다.

그리스도인은 기도하는 사람입니다.
눅 11:9, 구하라 그러면 너희에게 주실 것이요 찾으라 그러면 찾아낼 것이요 문을 두드리라 그러면 너희에게 열릴 것이니.

예수님은 우리의 모든 기도에 하나님께서
반드시 응답하신다고 말씀하십니다.
그러기에 삶의 여러 상황과 다양한 이유로
하나님께 나아가기도 합니다.

때로는 하나님께서 기도에 응답해 주시지 않는 것 같아 낙심하며
절망할 때도 있습니다. 나의 방식과 내가 원하는 시간대가 하나님의

응답과 다르다고 하여 낙심하고 기도를 더디 하지는 않았는지
돌아보길 원합니다.
하나님 아버지는 언제나 우리에게 가장 좋은 것을 주시길
원하십니다.
간청할 때 나의 기도를 들어주시는 하나님을
전적으로 신뢰해야 합니다.
하나님의 응답이 내가 기대하는 것과
늦거나 다르다고 해서 우리가 낙심하지 않도록 우리의 믿음을
굳건히 합시다. 복되고 기쁜 날 기도하는 순간에도
나를 향한 하나님의 계획을 먼저 생각하며
그 뜻이 내 삶을 통해 이루어지는 응답을 기대하는
성숙한 그리스도인이 되기를 간절히 소망합니다.

하나님! 우리를 향한 하나님의 크고 놀라운 계획을 깨닫지 못하고
낙심할 때가 많았습니다. 믿음의 눈을 들어 하나님께로 돌아가고자
하오니 긍휼히 여겨 받아 주시옵소서.

참 좋은 친구

요 3:29,
신부를 취하는 자는 신랑이나 서서 신랑의 음성을 듣는 친구가 크게 기뻐하나니 나는 이러한 기쁨이 충만하였노라.

나의 참 친구 되신 예수님, 예수님은 우리의 참 친구입니다.
주님 안에서 우리도 서로 친구입니다.
그동안 주 안에서 만나 서로 주고받은 사랑과 위로와 격려가 얼마나 소중한지 말할 수가 없습니다. 2025년 현재 세계 81억 인구 가운데서, 또 우리나라 5,200만 명 가운데서, 주 안에서 우리의 만남은
참으로 기적과 같은 것입니다.

우리의 참 친구 되신 예수님은 친구인 우리를 위하여
자기의 생명을 주셨습니다.
그리고 어제나 오늘이나 영원토록 변함없는
사랑으로 함께 하십니다. 우리도 이 사랑 본받아
주님 나라에 갈 때까지 변함없는 사랑을 나누는
참 좋은 친구가 되어 화목하며 아름답게 살아가기를 원합니다.
그리하므로 영원한 나라에서 참 친구로서
영원히 주님의 영광을 함께 누리며

기쁘게 살 수 있기 때문입니다.

주님은 우리 모두에게 온전한 사랑을 주셨습니다.
그리고 우리에게도 온전한 사랑을 원하십니다.
나의 참 친구의 신분은 창조주시오. 인간의 생사화복을 주관하시는
분이시오. 나라와 정세를
다스리는 분이시오. 선악 간에 심판하실 권세를 가지시고
천군천사와 함께 이 땅에 다시 오실
심판주시오. 구세주시오. 만왕의 왕이시오. 만주의 주되신
예수 그리스도시오. 모든 것을 자기 뜻대로 다 이루시는
전지전능하신 하나님이시라.

하나님의 뜻을 행하는 이는 영원하리라
"이 세상이나 세상에 있는 것들을 사랑치 말라 누구든지 세상을 사랑하면 아버지의 사랑이 그 속에 있지 아니하니 이는 세상에 있는 모든 것이 육신의 정욕과 안목의 정욕과 이생의 자랑이니 다 아버지께로 좇아 온 것이 아니요 세상을 좇아 온 것이라 이 세상도 그 정욕도 지나가되 오직 하나님의 뜻을 행하는 이는 영원히 거하느니라."(요일 2:15~17)

예수님은 나의 참 친구
나를 위해 이 땅에 오신 나의 참 친구
나에게 신령한 하늘나라의 비밀을 다 알려주신 참 친구
나를 위해 십자가 위에서 살이 찍히고 피를 흘리며 대신
죽어 주신 나의 참 친구
그의 보배로운 피로 나의 추한 죄와 허물을

깨끗이 속죄하신 나의 참 친구
모든 일을 자기 뜻대로 이루시는 권세와 능력 있는 나의 참 친구
온전하신 나의 참 친구
거룩하신 나의 참 친구
성결하신 나의 참 친구 사랑의 근본이시오. 진리 되신 나의 참 친구
이제와 영원히 변찮은 신실하신 나의 참 친구
나의 슬픔을 위로하시며 언제나 소망 중에 기쁨과
새 힘을 주신 나의 참 친구
불안한 나의 마음과 삶 속에서 근심과 두렴 없는
참 평안을 주시는 나의 참 친구
삶이 힘겹고 고달파 지치어 낙심한 나에게
큰 영광과 소망을 주신 참 좋은 나의 참 친구
병든 나의 몸과 마음을 능력으로 온전히 치료하여
회복시켜 주신 나의 참 친구
언제 어디서나 나와 함께 동행하며 선한 일을 하게 하시는 참 좋은 나의 참 친구
나의 모든 소원을 기도와 응답을 통해 내가 생각하는 것보다 더욱 넘치도록 이루어주신 나의 참 좋은 친구입니다.
나의 모든 삶을 의의 길로 이끄시는 나의 참 좋은 친구입니다.

우리도 참 친구 되신 주님을 위하여 남은 한평생 생명을 다 받쳐 죽도록 충성함으로 주의 기쁘신 뜻을 이루며 값진 삶을 살아야 할 것이라
친구는 서로 비밀을 이야기할 수 있습니다.

예수님은 우리를 친구라 하시고
하나님의 택하심의 사랑과
예수님의 십자가의 속죄와 구원의 은혜와
영광스럽고 찬란한 천국의 영생의 비밀을
모두 다 알려 주셨습니다.

"내 계명은 곧 내가 너희를 사랑한 것 같이 너희도 서로 사랑하라 하는 이것이니라 사람이 친구를 위하여 자기 목숨을 버리면 이에서 더 큰 사랑이 없나니 너희가 나의 명하는 대로 행하면 곧 나의 친구라 이제부터는 너희를 종이라 하지 아니하리니 종은 주인의 하는 것을 알지 못함이라 너희를 친구라 하였노니 내가 아버지께 들은 것을 다 너희에게 알게 하였음이니라."(요 15:13~15)

하늘을 두루마리 삼고 바다를 먹물 삼아도
다 기록할 수 없는 하나님의 사랑과 구원과
영광의 나라에 대한 비밀을,
예수님께로부터 함께 듣고 그 비밀을 깊이 깨달아 알아
믿음으로 그 비밀을 전하는 나의 참 좋은 친구들이여!
오늘 이 하루도 우리 친구 되신 예수 그리스도의, 사랑과 은혜 안에서
영광스러운 영의 세계의 찬란하고 황홀한 꿈을 안고 더욱 충성하며
승리하시기를 축복합니다.

찾으시는 자

요 4:23-24
아버지께 참으로 예배하는 자들은 신령과 진정으로 예배할 때가 오나니 곧 이 때라 아버지께서는 이렇게 자기에게 예배하는 자들을 찾으시느니라 하나님은 영이시니 예배하는 자가 신령과 진정으로 예배할지니라.

인류 80억 가운데 하나님이 찾으시는 사람은 옛날이나 지금이나 동일합니다.
신령과 진정으로 드리는 예배자를 이 구절에서 예수님은, "아버지께 참으로 예배하는 자들은 신령과 진정으로 예배할 때가 오나니 곧 이 때라 아버지께서는 이렇게 자기에게 예배하는 자들을 찾으시느니라 하나님은 영이시니 예배하는 자가 신령과 진정으로 예배할지니라."고 말씀하십니다.

신령으로 예배하는 것은 단순히 형식적인 예배를 넘어, 우리의 영혼과 마음의 중심을 다해 하나님께 예배하는 것을 의미합니다. 이는 성령 안에서, 하나님과의 영적인 교류를 통해 드리는 예배이며, 하나님을 향한 진정한 열정과 사랑이 있어야 가능합니다.
진정으로 예배하는 것은 진리에 따라 예배하는 것을 의미합니다. 여기서 진리는 예수 그리스도 자신과 그분의 말씀을 가리킵니다. 따라서 진정으로 예배하는 것은 성경의 가르침에 따라, 예수 그리스도를 통해 하나님께 나아가 예배하는 것입니다. 이는 올바른 이해와 믿음을 바탕으로 드리는 예배입니다.

영적인 의미를 종합해 보면, 신령과 진정으로 드리는 예배는 다음과 같은 특징을 갖습니다.

- 내면 중심의 예배: 겉으로 보이는 형식이나 장소가 아닌, 우리의 마음과 영혼의 진심을 담아 드리는 예배입니다.
- 성령 안에서의 예배: 성령의 인도하심을 따라 하나님과 교제하며, 영적인 감각으로 하나님을 경험하는 예배입니다.
- 진리에 근거한 예배: 예수 그리스도와 그분의 말씀을 통해 계시 된 하나님을 알고, 그 진리 안에서 드리는 예배입니다.
- 삶으로 드리는 예배: 예배는 단지 교회에서 드리는 의식에 국한되지 않고, 우리의 일상생활 전체가 하나님을 향한 예배가 되는 것을 포함합니다. 우리의 생각, 말, 행동 모든 영역에서 하나님의 뜻을 따라 살아가는 것이 진정한 예배의 완성입니다.

결국, 신령과 진정으로 드리는 예배는 우리의 전인격을 하나님께 드리는 예배이며, 하나님과의 살아 있는 관계를 맺고 그 관계 안에서 성장해 나가는 것을 말합니다. 하나님을 가까이한 자의 복. 오늘 이 하루도 감사와 찬양으로 하나님께 영광을 드리자

하늘과 땅에 주 밖에 내가 사모할 자가 없도다.(시 73:23~28)

"내가 항상 주와 함께 하니 주께서 내 오른손을 붙드셨나이다."

주의 교훈으로 나를 인도하시고 후에는 영광으로 나를 영접하시리니
하늘에서는 주 외에 누가 내게 있으리오
땅에서는 주 밖에 내가 사모할 이 없나이다
내 육체와 마음은 쇠약하나 하나님은 내 마음의 반석이시요 영원한 분깃이시라
무릇 주를 멀리하는 자는 망하리니 음녀같이 주를 떠난 자를 주께서 다 멸하셨나이다
하나님께 가까이함이 내게 복이라 내가 주 여호와를
나의 피난처로 삼아 주의 모든 행적을 전파하리이다"

말세지말을 살아가는 거룩한 하나님의 사람들이여,
감사하며 찬양과 경배를 드림으로 아버지 하나님의 사랑과 주 예수 그리스도의 은혜와 성령님의 감동 감화 역사하신 은총을 충만히 받으시기를 예수 그리스도의 이름으로 축복합니다.

베데스다

요 5:1-2,
그 후에 유대인의 명절이 있어 예수께서 예루살렘에 올라가시니라 예루살렘에 있는 양문 곁에 히브리 말로 베데스다라 하는 못이 있는데 거기 행각 다섯이 있고.

베데스다 못의 기적은 예수님의 치유 사건의 기록입니다.
베데스다는 "자비의 집" 또는 "은혜의 집"이라는 뜻을 갖고 있으며,
이 못에는 천사가 내려와 물을 동하게 하면
가장 먼저 들어가는 병자가 낫는다는 민간 신앙이 있었습니다.
많은 병자들이 이 못가에 모여 기적을 기다렸지만,
38년 된 병자는 혼자서는 물에 들어갈 수 없어
오랫동안 치유를 받지 못하고 있었습니다.
이 기적에 대한 '창조적 해석'은 여러 가지 관점에서 이루어질 수 있으며, 단순히 병을 고치는 것을 넘어선 깊은 영적, 신학적 의미를 부여합니다.
몇 가지 예시는 다음과 같습니다:

- 세상 종교와 진정한 구원의 대비: 베데스다 못에 모인 병자들은 헛된 소문에 의지하여 요행을 바라는 존재로 해석될 수 있습니다. 세

상의 많은 종교나 행위가 스스로의 노력이나 미신적인 기대에 의존하여 구원이나 복을 얻으려는 모습과 유사합니다. 그러나 예수님은 병자의 믿음을 묻지 않고, 그의 불가능한 상황에 직접 찾아가 "일어나 네 자리를 들고 걸어가라"고 명령하십니다. 이는 인간의 노력이나 행위가 아닌, 하나님의 주권적인 은혜와 예수 그리스도의 권능을 통한 진정한 구원(치유)을 강조하는 것으로 해석될 수 있습니다.

- 인간의 무능력과 하나님의 주권: 38년 된 병자는 스스로의 힘으로는 아무것도 할 수 없는 철저히 무능력한 상태였습니다. "물이 동할 때 나를 넣어 줄 사람이 없다"는 그의 대답은 인간의 한계와 좌절을 보여줍니다. 이러한 병자의 모습은 죄로 인해 영적으로 무능력해진 인간의 실존을 상징합니다.

  반면에, 예수님은 이 병자의 요청이 없었음에도 불구하고 그를 찾아가 직접 치유하십니다. 이는 구원이 인간의 간구나 노력이 아닌, 오직 하나님의 주권적인 개입과 은혜로만 가능하다는 메시지를 담고 있습니다.

- 안식일 논쟁과 예수님의 권위: 이 기적이 안식일에 일어났다는 점은 중요한 의미를 가집니다. 당시 유대인들은 안식일에 병자를 고치는 것을 율법을 어기는 행위로 보았습니다. 그러나 예수님은 생명을 살리는 일이 율법 위에 있음을 보여주시고, 자신을 안식일의 주인으로 선포하십니다.

  이는 형식적인 율법주의를 넘어서는 하나님의 사랑과 생명의 가치를 드러내는 창조적 해석이 가능합니다. 예수님의 치유는 단순히 몸의 회복을 넘어, 영적 자유와 생명을 부여하는 새로운 창조 행위로 볼 수 있습니다.

- 과거와의 단절과 새로운 시작: 예수님께서 병자에게 "일어나 네 자리를 들고 걸어가라."고 명령하신 것은 단순히 걷게 된 것을 의미하지 않습니다. '자리를 들고' 가는 것은 병든 삶의 흔적과 과거를 청산하고, 새로운 삶을 시작하라는 강력한 메시지로 해석될 수 있습니다. 이는 죄 된 과거를 버리고 예수 그리스도 안에서 완전히 새로운 존재로 거듭나는 창조적 변화를 상징합니다.

- 메시아로서의 예수님: 베데스다 못의 기적은 예수님이 단순한 치유자가 아니라, 생명의 근원이시며 하나님의 아들이심을 보여주는 표적입니다. 이 사건을 통해 예수님은 스스로 하나님의 권위를 가지고 생명을 주시는 분임을 드러내시며, 이는 유대인들이 기다리던 메시아의 정체성과 연결됩니다. 못의 물이 아니라 예수님의 말씀이야말로 진정한 생수이며 치유의 근원이라는 점이 강조됩니다.

이러한 창조적 해석들은 베데스다 못 기적을 단순히 역사적 사건으로만 보는 것을 넘어, 오늘날 우리 삶과 신앙에 주는 영적 교훈과 메시지를 더욱 풍성하게 이해하도록 돕습니다. 주님의 마음을 동하게 해야 할 것이다. 감동이 일어나야 자비와 은혜를 받게 됩니다.

유대인과 예수님의 갈등

요 5:18,
유대인들이 이를 인하여 더욱 예수를 죽이고자 하니 이는 안식일만 범할 뿐 아니라 하나님을 자기의 친 아버지라 하여 자기를 하나님과 동등으로 삼으심이러라.

유대인과 예수님 사이의 영적 갈등은 기독교 신앙과 유대교의 역사에서 매우 중요한 주제입니다. 이 갈등은 단순히 개인적인 불화가 아니라, 메시아에 대한 이해, 율법의 해석, 그리고 구원의 방식에 대한 근본적인 차이에서 비롯되었습니다.

메시아에 대한 기대의 차이

유대인들은 오랫동안 자신들을 압제로부터 구원하고, 이스라엘 왕국을 회복하며, 다윗 왕조의 영광을 되찾을 정치적이고 군사적인 메시아를 기다려왔습니다. 그들은 메시아가 로마의 지배를 끝내고 유대 민족의 위상을 높여줄 것이라고 믿었습니다.

하지만 예수님은 이러한 유대인의 기대와는 달리, 영적인 구원자로서의 메시아의 역할을 강조하셨습니다. 그분은 죄로부터의 해방, 하나님 나라의 도래, 그리고 모든 인류를 위한 사랑과 희생의 메시지를 전하셨습니다. 예수님의 이러한 가르침은 당시 유대인들이 가지고 있던 메시아상과는 너무나 달랐고, 많은 유대인들은 예수님을 자신들이 기다리던 메시아로 인정하지 않았습니다.

율법 해석과 전통에 대한 견해 차이

당시 유대 사회는 율법학자(서기관)와 바리새인들이 율법을 엄격하게 해석하고 그에 따른 수많은 전통과 규례를 지키는 것을 매우 중요하게 여겼습니다. 그들은 율법의 세부적인 조항들을 철저히 지킴으로써 의로움을 얻고 구원에 이를 수 있다고 믿었습니다.

반면 예수님은 율법의 본질적인 정신과 사랑, 자비를 강조하셨습니다. 그분은 형식적인 율법 준수보다는 이웃 사랑과 하나님의 뜻을 행하는 것이 더 중요하다고 가르치셨습니다. 예를 들어, 안식일에 병자를 고치시거나(마가복음 3:1-6), 세리나 죄인들과 어울리시는 행동(마태복음 9:10-13)은 당시의 유대 종교 지도자들의 율법 해석과 충돌을 일으켰습니다. 예수님은 종종 이들을 향해 위선적이라고 비판하셨는데, 이는 큰 반발을 불러일으켰습니다.

예수님의 신성에 대한 논란

가장 큰 영적 갈등의 핵심은 예수님께서 자신을 하나님의 아들이자 메시아라고 주장하셨다는 점입니다. 유대교는 오직 한 분이신 하나님만을 믿는 유일신 사상을 철저히 고수했기 때문에, 예수님이 자신을 하나님과 동등하다고 말하는 것은 신성모독으로 받아들여졌습니다.

요한복음 10:30에서 **"나와 아버지는 하나이니라"**고 말씀하시거나, 자신에게 주어진 권능을 주장하실 때마다 유대 종교 지도자들은 격렬히

반발했습니다. 그들은 예수님을 신성모독죄로 고발하여 결국 십자가에 못 박히게 하는 주요 원인이 되었습니다.

유대인과 예수님 사이의 영적 갈등은 메시아에 대한 근본적인 이해의 차이, 율법 해석의 충돌, 그리고 예수님의 신성이라는 핵심적인 문제에서 비롯되었습니다. 유대인들은 정치적 구원자와 엄격한 율법 준수를 기대했지만, 예수님은 영적인 구원과 사랑의 율법, 그리고 당신의 신성을 주장하셨습니다.

이러한 간극은 결국 예수님의 십자가 처형이라는 비극적인 결말로 이어졌습니다. 이는 기독교 신앙에서 죄로부터의 구원과 새로운 언약의 시작을 의미하게 되었습니다.

죄 없는 자가 먼저 돌로 치라

요 8:7.
저희가 묻기를 마지 아니하는지라 이에 일어나 가라사대 너희 중에 죄 없는
자가 먼저 돌로 치라 하시고.

모든 사람은 죄인입니다. 그 죄가 크든지 작든지 죄 값은 사망이요.
하나님의 영광에 이르지 못하리니
죄와 허물뿐인 연약한 너 인생이여! 누가 누구를 정죄하며
누구를 판단하리오
누가 이 여자에게 먼저 돌을 던질 수 있으랴.
유대의 율법자들이 음행 하다 현장에서 붙잡혀서 온 여인을
예수님 앞에 데리고 와서
율법대로 이 여자를 돌로 치리이까? 말리이까? 하고 질문하였습니다.

이는 예수님을 시험하려는 것이라
예수께서 이르시되, "너희 중에 죄 없는 자가 먼저 돌로 치라."고
하였습니다.
그대는 지금까지 삶 속에서 영적으로, 육체적으로, 안목적으로,
말과 생각과 행동에서 죄로부터 자유로울 수 있는 자인가?
여자(남자)를 보고 음욕을 품는 자마다

이미 간음을 하였음이라"
우리는 하나님께서 보시기에 모두 현장범들이라
지금 감옥에 갇힌 자들은 범죄의 현장에서
붙잡힌 죄인들이요 우리는 아직까지
범죄 현장에서 붙잡히지 않은 감옥 밖에 있는
죄인들이라.(담 안에 죄인 담 밖에 죄인)

너 아직까지 범죄의 현장에서 붙잡히지 않은 자여!
너의 눈으로 봄으로, 마음에서 생각함으로,
네가 순간마다 남 앞에서 하는 말로,
손으로 행한 것과 발로 다니며 지은 죄와 허물이 태산 같으며
머리털보다 많도다. 주께서 너의 삶 속의 모든 행위를 다 보고 계시고
다 들으시고 계시며
다 알고 계시기에 하나도 숨김없이 다 드러내실 것이라

날마다 때마다 순간마다 너의 부끄러운 죄와 허물을 회개하고
너를 죄와 사망의 법에서
구원하여 자유하게 하신 우리 주 예수를 바라보라!
(죄를 사함 받은 죄인. 죄를 사함 받지 못한 죄인이 있을 뿐이다)
너 남을 판단하는 자여! 너의 감추어진 숨은 죄가
얼마나 많고 흉악한지 스스로 살펴서 알고
낱낱이 자백하고 회개하라.
과연 네가 이 여자를 판단하고 그에게 돌을

던질 수 있는가?

너는 지금까지 또 앞으로도 때마다 일마다
모든 삶 속에서 항상 눈으로 봄으로
마음으로 생각하고 말과 행위에 있어서
항상 현장범임을 잊지 말라
세상과 벗 됨이 곧 간음함이라
약 4:4, 간음하는 여인들이여, 세상과 벗 된 것이 하나님과 원수임을 알지 못하느뇨 그런즉 누구든지 세상과 벗이 되고자 하는 자는 스스로 하나님과 원수 되게 하는 것이니라

나는 세상과 벗 된 자가 아닌가?
이 세상 것들을 사랑하지 말라.
요일 2:15~17, 이 세상이나 세상에 있는 것들을 사랑치 말라 누구든지 세상을 사랑하면 아버지의 사랑이 그 속에 있지 아니하니 이는 세상에 있는 모든 것이 육신의 정욕과 안목의 정욕과 이생의 자랑이니 다 아버지께로 좇아 온 것이 아니요 세상으로 좇아 온 것이라 이 세상도 그 정욕도 지나가되 오직 하나님의 뜻을 행하는 이는 영원히 거하느니라.

나는 남의 눈의 티를 보고 지적하고 판단하고
정죄는 잘하면서 정작 영적 눈이 어두워 꼭 보아야 할 자신의 들보는
보지 못한 자가 아닌가? 나는 하나님 보다 세상과 돈과 권력과 향락을
더 사랑하는 자가 아닌가?
세상에. 더럽히지 않는 하나님의 어린양에게 속한 자
계 14:3~5, 저희가 보좌와 네 생물과 장로들 앞에서

새 노래를 부르니 땅에서 구속함을 얻은
십사만 사천인 밖에는 능히 이 노래를 배울 자가 없더라
이 사람들은 여자로 더불어 더럽히지 아니하고
정절이 있는 자라
어린양이 어디로 인도하든지 따라가는 자며
사람 가운데서 구속을 받아 처음 익은 열매로
하나님과 어린양에게
속한 자들이니 그 입에 거짓말이 없고
흠이 없는 자들이더라.

너는 하나님 앞에 거짓말을 한 적이 없으며
다른 여자와 남자로 관계하지 않았으며
마음으로도 음욕을 품어보지 않고
아무 일에나 삶 속에서 흠과 티가 없는 자인가?
마음을 찢고 진심으로 회개하자.
주여! [나는 죄인 중에 괴수입니다]
나를 불쌍히 여기시고 긍휼을 베풀어 주옵소서.
오, 주여! 나를 숨은 죄에서 구원하여 주옵소서.
요일 1:9, 만일 우리가 우리 죄를 자백하면 저는 미쁘시고 의로우사
우리 죄를 사하시며 모든 불의에서 우리를 깨끗하게 하실 것이요.

연약하여 죄를 짓고 죄책감에 갇혀있지만 말고
진심으로 회개함으로 주의 십자가의 보혈로

깨끗하게 씻음 받아 참자유와 기쁨과 근심과 두려움이 없는
참 평안을 얻으라.
너 용서함 받아 새롭게 거듭난 순결한 주의 신부여!
주의 날이 가까이 올수록 더욱 말과 행실에 깨끗하고
타락한 세속에 물들지 아니하며
날마다 지은 죄를 눈물로 회개하며
순결한 신부로서 그날을 사모하며
그날을 기다리며 그날을 위해 믿음으로
성결과 정절로 단장하며 주의 영광을 위하여
값지고 아름답고 품위 있고 헌신의 삶을 살아가기를 위해
날마다 자신을 쳐 그리스도의 영광의 형상이 이루어지도록
이 하루도 승리하시기를 축복합니다.

선한 목자 예수

요 10:11,
나는 선한 목자라 선한 목자는 양들을 위하여 목숨을 버리거니와.

선한 목자 예수를 따름은 기독교 신앙의 핵심적인 부분입니다. 예수님을 믿고 따르는 삶이 무엇을 의미하는지를 잘 나타내는 표현입니다. 이는 요한복음 10장에서 예수님께서 스스로를 '선한 목자'로 비유하신 데서 비롯됩니다.

선한 목자 예수님은 어떤 분이신가?
요한복음 10장에서 예수님은 자신을 선한 목자로 소개하시며, 양들과의 관계를 통해 당신의 본질적인 성품과 사역을 드러내십니다.

- 양들을 위해 목숨을 버리는 목자: 예수님은 **"나는 선한 목자라 선한 목자는 양들을 위하여 목숨을 버리거니와"**(요 10:11)라고 말씀하셨습니다. 이는 당신이 우리 죄를 위해 십자가에서 희생하심으로써 우리에게 영원한 생명을 주신 분임을 나타냅니다.
- 양들을 알고 양들도 목자를 아는 관계: 예수님은 **"나는 내 양을 알고 양도 나를 아는 것이 아버지께서 나를 아시고 내가 아버지를 아는 것 같으니"**(요 10:14-15)라고 하셨습니다. 이는 예수님과 우리 사이의 깊고

개인적인 관계를 의미합니다. 목자는 양의 필요를 알고, 양은 목자의 음성을 알아듣고 따릅니다.
- 양들에게 생명과 풍성한 삶을 주시는 분: 예수님은 **"내가 온 것은 양으로 생명을 얻게 하고 더 풍성히 얻게 하려는 것이라"**(요 10:10)고 말씀하셨습니다. 이는 예수님을 따를 때 우리가 단순한 생존을 넘어, 영적, 정신적, 관계적으로 충만하고 만족스러운 삶을 누릴 수 있음을 약속하십니다.
- 양들을 안전하게 보호하시는 분: 예수님은 양들을 잃지 않고, 아무도 그들을 예수님의 손에서 빼앗을 수 없다고 말씀하십니다(요 10:28-29). 이는 당신이 우리를 죄와 사망, 그리고 악의 세력으로부터 완벽하게 보호하시고 영원히 지켜주시는 분임을 보여줍니다.

1. 선한 목자 예수를 따른다는 것은?

선한 목자 예수님을 따른다는 것은 단순히 종교적인 행위를 넘어, 우리의 삶 전체를 그분께 맡기고 그분의 가르침을 따르며 살아가는 것을 의미합니다.
- 그분의 음성을 듣고 순종하는 것: 양이 목자의 음성을 따라가듯, 우리는 성경 말씀과 성령의 인도를 통해 예수님의 음성을 듣고 그에 순종해야 합니다. 이는 우리의 삶의 방향을 그분께 맡기고, 그분의 뜻대로 살아가는 것입니다.
- 그분을 신뢰하고 의지하는 것: 불안하고 불확실한 세상 속에서, 우리는 선한 목자 예수님께서 우리의 필요를 채우시고 우리를 안전하게 인도하실 것을 신뢰해야 합니다. 이는 우리의 염려와 짐을 그분

께 맡기는 믿음의 행위입니다.
- 그분의 희생과 사랑을 기억하고 닮아가는 것: 예수님은 우리를 위해 목숨을 버리셨습니다. 우리는 그분의 희생적인 사랑을 기억하고, 그 사랑으로 서로를 사랑하며 섬기는 삶을 살아가야 합니다. 이는 선한 목자의 마음을 품고, 이웃을 돌보는 것입니다.
- 영원한 생명과 풍성한 삶을 누리는 것: 선한 목자 예수님을 따를 때, 우리는 죄와 사망으로부터 구원받아 영원한 생명을 얻을 뿐만 아니라, 이 땅에서도 그분 안에서 참된 평안과 만족, 그리고 의미 있는 삶을 경험하게 됩니다.

'선한 목자 예수'를 따르라는 말씀은, 우리를 위한 가장 안전하고 풍요로운 길을 제시하는 사랑의 초청입니다. 그분을 따를 때 우리는 길을 잃지 않고, 영원한 안식과 참된 생명을 누릴 수 있습니다. 예수님은 선한 목자시요 양의 문이 되시어
양들을 저녁에는 양의 우리로 인도하여 들이고
아침에는 푸른 초장으로 쉴만한 물가로
인도하시도다

2. 예수님의 양들의 삶

예수님으로 말미암아 들어가면 구원을 얻고
들어가며 나오며 꼴(말씀)을 얻음이라
날마다 순간마다 예수님의 음성을 듣는 삶을 산다
예수님을 따르며 순종하며 예수님의 삶과

사랑을 본받아 살며 예수님의 삶과 사랑을
나누며 평화롭게 산다

3. 예수님의 양들이 받은 복과 은혜
예수님은 양을 위해 십자가 위에서 자기 생명을 아낌없이 기꺼이 주
셨도다
예수님의 보혈로 양들의 죄와 허물을 사하시고
성결하게 정결하게 거룩하게 하시도다
예수님께서 자기 양들에게 영생을 주셨음이라
예수님의 양들은 결코 멸망하지 않게 하심이라
예수님의 양들을 예수님의 손에서 빼앗을 자가 없도다
전지 전능하신 하나님 아버지의 능하신 손으로
이제와 영원히 보호하여 주심이라

예수님의 이름으로 위하여 우리를 의의길로
인도하시도다
예수님은 하나님과 하나이신 분이시라
예수님은 선한 목자이시며 양들의 문이 되시고
자기 양들을 구원하시고 양들에게 말씀의 꼴을 먹이시고 양들에게 생
명을 얻게 하시고
양들에게 참 평안을 주시고 양들을 위해 십자가 위에서 자기 목숨을
버리셨도다.
"내가 문이니 누구든지 나로 말미암아 들어가면 구원을 받고 또는 들어가며
나오며 꼴을 얻으리라 도둑이 오는 것은 도둑질하고 죽이고 멸망시키려는

것뿐이요 내가 온 것은 양으로 생명을 얻게 하고 더 풍성히 얻게 하려는 것이라 나는 선한 목자라 선한 목자는 양들을 위하여 목숨을 버리거니와 삯꾼은 목자가 아니요 양도 제 양이 아니라 이리가 오는 것을 보면 양을 버리고 달아나나니 이리가 양을 물어 가고 또 헤치느니라 나는 선한 목자라 나는 내 양을 알고 양도 나를 아는 것이 아버지께서 나를 아시고 내가 아버지를 아는 것 같으니 나는 양을 위하여 목숨을 버리노라 내가 내 목숨을 버리는 것은 그것을 내가 다시 얻기 위함이니 이로 말미암아 아버지께서 나를 사랑하시느니라.
이를 내게서 빼앗는 자가 있는 것이 아니라 내가 스스로 버리노라 나는 버릴 권세도 있고 다시 얻을 권세도 있으니 이 계명은 내 아버지에게서 받았노라 하시니라." (요 10:10~18)

"내 양은 내 음성을 들으며 나는 그들을 알며 그들은 나를 따르느니라 내가 그들에게 영생을 주노니 영원히 멸망하지 아니할 것이요 또 그들을 내 손에서 빼앗을 자가 없느니라 그들을 주신 내 아버지는 만물보다 크시매 아무도 아버지 손에서 빼앗을 수 없느니라 나와 아버지는 하나이니라."(요 10:27~30)

4. 우리는 주님의 어린양이라.

예수님 안에서 보혈로 속죄함 받고 영생을 얻은 자가 되었으니

이제는

어떤 위경에서도

어떤 고난 속에서도

어떤 고통 속에서도

어떤 핍박 속에서도

어떤 시험 속에서도

극한 가난 속에서도

어떠한 질병 속에서도

실패와 낙심 속에서도

자기 백성에게 세상과 악한 사탄을 이길
힘과 능력을 주시고 주님의 능하신 손으로
구원하여 내시리로다 전능하신 하나님 아버지의
손안에 있는 우리를 결코 빼앗아 갈 자가 없으리로다.

마 28:20하, "내가 세상 끝날까지 항상 너희와 함께 있으리라."

예수만이 해답, 정답, 용답

행 16:30-31,
저희를 데리고 나가 가로되 선생들아 내가 어떻게 하여야 구원을 얻으리이까
하거늘 가로되 주 예수를 믿으라 그리하면 너와 네 집이 구원을 얻으리라 하고

너, 인생이여! 너는 이 질문과 그의 답을 아는가?
인생에게 가장 중요한 질문은?

1. 나는 누구인가?
2. 내가 어디에서 왔는가?
3. 내가 어떻게 살다가 가야하는가?
4. 나의 길은 지금 어디쯤 왔는가?
5. 나의 길은 얼마나 남았는가?
6. 내가 가는 목적지는 어디인가?
7. 나는 장차 어떻게 될 것인가?

이 물음에 대한 명쾌한 답은?

1. 나는 하나님께서 택하신 거룩하신 하나님의 자녀라

2. 내가 누구에 의하여 세상에 왔는가?

하나님께서 창세 전에 나를 조성하시고 선택하시어 하나님의 영광을
위하여 존귀한 자로 귀히 쓰시려고 이 시대에 복음의 사신으로 나를
우리 부모님을 통해 이 세상에 보내셨음이라

3. 나는 세상에서 어떠한 삶을 살아야하고 어떤 사명을 받고 왔는가?
첫째 사명은 창조주 하나님과 구세주 예수님과
내주하신 성령님께 구원의 은혜 감사하며
신령과 진리로 온 맘과 정성을 다해 찬양과 경배를 드리고
둘째 사명은 하나님의 자녀로서 착하게 거룩하게
의롭게 살아야 하고
셋째 사명은 나를 세상에 보내신 하나님의 선하신 뜻을 깨달아 알아
예수 그리스도의 십자가 사랑으로 택함을 받은 주의 백성들을 전도하
여 구원하고 진리의 말씀으로 저들을 양육하며 주의 사랑으로 저들을
섬기는 거룩한 일을 이루는 천사가 흠모하는 사명을 받았음이라.

4. 나의 길은 어디쯤 왔는가?
나의 길은 지금 해 질 무렵이요 나의 삶의 열매를
추수할 때이며 영광스런 아버지 집에서 그리 멀지 않은 곳까지 왔음
이라.

5. 나의 길은 얼마나 남았는가?
하루 한 걸음씩 살아온 나의 남은 길은
일순간에 종착점에 거의 도달했으며

이제 한 뼘 길이만큼 짧은 시간이 남았을 뿐이라.

6. 나의 가는 길의 목적지는 어디인가?

내가 사모하는 예수님이 계신 영광의 나라,
사랑 많으신 우리 아버지 집이라.
거기는 슬픔과 눈물이 없고 염려, 근심, 걱정, 고통, 아픔, 가난이 없는 곳. 악한 자가 없고
거짓된 자가 없고 불의와 불법자가 없고
다툼과 전쟁이 없고 죽음이 없는 곳이요
이 세상에 있는 것들이 하나도 없는 새롭고 영화로운 곳이라 열두 보석의 기초석 위에 성곽이 세워지고 벽옥으로 성벽이 세워지고 열두 진주문이
동서남북으로 세 문씩 있는 곳
모든 길이 유리바다와 같이 맑고 깨끗한
정금길로 되어 있는 곳
공기가 오염되지 않은 곳 맑고 깨끗한
영생수 강이 세세토록 흐르는 곳
강 좌 우편에 12달 달마다 열매 맺는 영과 실 나무가 있는 곳 기화 요초가 아름답게 만발한 곳 하나님과 예수님이 빛이 되시므로 해와 달과 별이 아무 쓸데 없는 찬란한 빛의 나라이다.

7. 나는 장차 어떻게 살게 되는가?

영광스런 천국에서 하나님께 경배하며

기쁨으로 찬양하며 거룩하신 하나님과 함께
영생을 누리며 살게 됨이라 하늘나라에서는
네 생물들과 24장로들과 구원받은 흰옷 입은
하나님의 자녀들이 천군 천사들과 함께
반열을 따라 질서 있게 서서 세세토록 하나님과
어린양 예수님께 온 맘과 정성 다해
구원의 은혜 감사함으로 신령과 진정으로 경배하며 찬양을 드려 영광
돌리며 예수님과 함께
한 상에서 먹고 마시며 영원히 영생하는 삶이라.

영광과 사랑과 평강과 기쁨만이 넘쳐난 곳.
저 영광스런 천국이 내가 그토록 사모하며
소망하며 달려가야 할 우리 하나님 아버지 집이라.
이 문제가 너무나도 중요한 일인데도
이 물음을 깊이 생각하며 성결과 거룩함으로
충성하며 살아가는 진실한 믿음의 사람이
세상에는 극소수의 사람들뿐이라.

나와 우리 친구님들은 이 극비의 하나님의 비밀을 깊이 다 알고 있기
에 주 예수 그리스도와 함께 성령의 이끄심에 따라 살며 하나님의 은
혜와
사랑에 감사하고 기쁨으로 찬송하며
생명을 다하여 이 생명의 복음을 날마다 전하는 일로 죽도록 충성하

며 선한 싸움에 승리하며 살아갈지라. 누구에게나 주님의 심장으로 사랑함으로 돕고 섬기는 자로서 보람되고 가치 있는 아름다운 삶을 살지라 오늘도 내일도 나의 삶의 터전 속에서 작고 하찮은 일에서부터 마음 모아 촌음을 아껴 선한 일에 최선을 다하는 아름다운 삶을 살기로 다짐함이라.

영광의 아버지 집에 선한 싸움에 승리자로
영광스럽게 부름 받아 주님의 보좌 앞에
이를때까지…말씀으로 많은 영혼을 섬기는 사역을 생명 다하여 감당하리라. 이 글을 읽은 모든 친구 분들이여!
우리 함께 영광스런 아버지 집에서 감격 속에 함께 찬양하며 만날 수 있기를 소원합니다.
내일 일은 난 몰라요 주와 함께 하루 하루 승리하며 살아가려오.

하나님의 크신 사랑
요 3:16, 하나님이 세상을 이처럼 사랑하사 독생자를 주셨으니 이는 그를 믿는 자마다 멸망하지 않고 영생을 얻게 하려 하심이라

예수를 바라보자
히 12:1~2, 이러므로 우리에게 구름 같이 둘러싼 허다한 증인들이 있으니 모든 무거운 것과 얽매이기 쉬운 죄를 벗어 버리고 인내로써 우리 앞에 당한 경주를 하며 믿음의 주요 또 온전하게 하시는 이인 예수를 바라보자 그는 그 앞에 있는 기쁨을 위하여 십자가를 참으사 부끄러움을 개의치 아니하시더니 하나님 보좌 우편에 앉으셨느니라

오직 믿음

롬 1:17,
복음에는 하나님의 의가 나타나서 믿음으로 믿음에 이르게 하나니 기록된 바 오직 의인은 믿음으로 말미암아 살리라 함과 같으니라.

내가 하나님의 은혜로 믿음을 선물로 받았고
믿음으로 구원을 받았습니다.
엡 2:8, "너희는 그 은혜에 의하여 믿음으로 말미암아 구원을 받았으니 이것은 너희에게서 난 것이 아니요 [하나님의 선물]이라."

내가 복음의 일꾼이 된 것도 주님의 은혜의 선물입니다.
엡 3:7, "이 복음을 위하여 그의 능력이 역사하시는 대로 내게 주신 [하나님의 은혜의 선물]을 따라 내가 일꾼이 되었노라."

믿음의 정의는 바라는 것들의 실상이요 보지 못한 것들의 증거라.
히 11:1~2, "믿음은 바라는 것들의 실상이요 보지 못하는 것들의 증거니 선진들이 이로써 증거를 얻었느니라."

믿음은 하나님의 자녀가 되는 권세를 얻게 합니다.
요 1:12~13, "영접하는 자 곧 그 이름을 믿는 자들에게는 하나님의 자녀가 되는 권세를 주셨으니 이는 혈통으로나 육정으로나 사람의 뜻으로 나지 아니하고 오직 하나님께로서 난 자들이니라."

믿음은 구원의 방편이라

롬 10:9~10, "네가 만일 네 입으로 예수를 주로 시인하며 또 하나님께서 그를 죽은 자 가운데서 살리신 것을 네 마음에 믿으면 구원을 얻으리니 사람이 마음으로 믿어 의에 이르고 입으로 시인하여 구원에 이르느니라."

믿음은 우리로 의롭다 함을 얻게 하리

롬 4:25~5:2, "예수는 우리 범죄함을 위하여 내어줌이 되고 또한 우리를 의롭다 하심을 위하여 살아나셨느니라 그러므로 우리가 믿음으로 의롭다 하심을 얻었은즉 우리 주 예수 그리스도로 말미암아 하나님으로 더불어 화평을 누리자 또한 그로 말미암아 우리가 믿음으로 서 있는 이 은혜에 들어감을 얻었으며 하나님의 영광을 바라고 즐거워하느니라."

믿음과 행함의 관계.. 믿음은 행함의 원동력이요

행함은 믿음을 온전하게 함이라.

약 2:22, 네가 보거니와 믿음이 행함과 함께 일하고 행함으로 믿음이 온전하게 되었느니라."
롬 3:28, "사람이 의롭다 하심을 얻는 것은 율법의 행위에 있지 않고 믿음으로 되는 줄 우리가 인정하노라."
약 2:14, "내 형제들아 만일 사람이 믿음이 있노라 하고 행함이 없으면 무슨 유익이 있으리오 그 믿음이 능히 자기를 구원하겠느냐."
약 2:26, "영혼 없는 몸이 죽은 것 같이 행함이 없는 믿음은 죽은 것이니라."

믿음은 모든 일을 인내하도록 하는 은혜

계 14:12, "성도들의 인내가 여기 있나니 저희는 하나님의 계명과 예수 믿음을 지키는 자니라."

믿음은 장래에 대한 근심을 물리치는 능력이다.

요 14:1~6" 너희는 마음에 근심하지 말라 하나님을 믿으니 또 나를 믿으라 내가 너희를 위하여 처소를 예비하러 가노니 가서 너희를 위하여 처소를 예비하면 내가 다시 와서 너희를 내게로 영접하여 나 있는 곳에 너희도 있게 하리라 예수께서 가라사대 내가 곧 길이요 진리요 생명이니 나로 말미암지 않고는 아버지께로 올 자가 없느니라."

너희가 지금 믿음에 서 있는가?
예수 그리스도께서 너희 안에 계신가를 너 자신을 시험하고
확증하라.
고후 13:5, "너희가 믿음이 있는가 너희 자신을 시험하고

너희 자신을 확증하라 예수 그리스도께서
너희 안에 계신 줄을 너희가 스스로 알지 못하느냐
그렇지 않으면 너희가 버리운 자니라."

믿음의 종류
나쁜 믿음 ↔ 좋은 믿음
적은 믿음 ↔ 큰 믿음
흔들리는 믿음 ↔ 견고한 믿음
약한 믿음 ↔ 굳센 믿음
거짓 믿음 ↔ 참 믿음
헛된 믿음 ↔ 온전한 믿음
의심하는 믿음 ↔ 확신한 믿음
파선된 믿음 ↔ 구원받을 믿음
거역하는 믿음 ↔ 순종하는 믿음

무지한 믿음 ↔ 증거 있는 믿음

죽은 믿음 ↔ 산 믿음

어린 믿음 ↔ 장성한 믿음

하나님을 기쁘시게 하는 믿음

히11:6, "믿음이 없이는 하나님을 기쁘시게 하지 못하나니 하나님께 나아가는 자는 반드시 그가 계신 것과 또한 그가 자기를 찾는 자들에게 상 주시는 이심을 믿어야 할지니라."

나의 믿음은 어떤 믿음인가? 깊이 생각해 보라.
- 네 믿음이 크도다.
- 네 믿음대로 될지어다.
- 오직 의인은 믿음으로 말미암아 살리라.
하나님의 은혜와 사랑과 모든 영광과 복은
오직 믿음으로 얻게 된다.
우리는 큰 믿음을 갖고 더욱 온전하여지고
장성한 믿음의 사람이 되어 하나님의 사랑과
능력을 확증하고 모든 시험을 참으며
견디며 승리하며 강하고 담대하게 복음을 전하는 삶으로 영광스러운 구원에 이르는 영광에 참예하는 자가 되자.

주님의 순결한 신부여! 큰 믿음과 온전한 믿음으로
이 악한 세상과 싸워 이기며 죽도록 충성하여
구원의 열매 맺으며 주님 보시기에 기쁘시도록
항상 의의 옷을 입고 아름답게 단장하며 살지라.

요 20:27, "도마에게 이르시되 네 손가락을 이리 내밀어 내 손을 보고 네 손을 내밀어 내 옆구리에 넣어보라 그리하고 믿음 없는 자가 되지 말고 믿는 자가 되라."

넘어야 할 강

롬 7:24,
오호라 나는 곤고한 사람이로다 이 사망의 몸에서 누가 나를 건져 내랴.

로마서 7장과 8장은 사도 바울이 그리스도인의 삶에서 겪는 내면의 갈등과 그 해방을 다루는 중요한 장입니다. 두 장은 마치 '넘어야 할 강'처럼 대비되며, 율법 아래의 죄 된 인간의 모습(7장)에서 성령 안에서 자유를 누리는 구원받은 인간의 모습(8장)으로의 극적인 변화를 보여줍니다.

7장은 율법 아래의 갈등과 절규

7장은 인간이 율법을 통해 죄를 깨닫지만, 그 율법으로는 죄의 세력에서 벗어날 수 없는 절망적인 상태를 묘사합니다. 바울은 육신에 속한 인간이 율법을 지키려 할수록 오히려 죄에 사로잡히는 모순을 고백하며, 다음과 같은 내면의 갈등을 토로합니다:

- 선의와 불선의 싸움: "**내가 원하는 바 선은 행하지 아니하고 도리어 원하지 아니하는 바 악을 행하는도다.**"(롬 7:19).
- 죄의 권능: 율법은 죄를 알게 하지만, 죄는 율법을 통해 더욱 활성화되어 사망에 이르게 합니다.
- 절규: "**오호라 나는 곤고한 사람이로다 이 사망의 몸에서 누가 나를 건져내**

랴."(롬 7:24) 이 구절은 율법 아래 있는 인간의 한계와 구원을 향한 간절한 갈망을 잘 보여줍니다.

7장은 그리스도인이 되기 전이나, 혹은 구원받았음에도 불구하고 육신의 연약함으로 인해 죄와 싸워야 하는 영적 투쟁의 현실을 생생하게 보여줍니다. 율법은 죄를 정죄하고 인간의 무능력을 드러내는 역할을 합니다.

8장: 성령 안에서의 해방과 승리
7장의 절규는 8장에서 성령의 능력으로 인한 해방과 승리로 이어집니다. 8장은 그리스도 예수 안에 있는 자들에게는 결코 정죄함이 없음을 선포하며, 성령께서 그리스도인 안에 내주하시면서 가져다주시는 놀라운 변화를 설명합니다.

- 새로운 법: **"이는 그리스도 예수 안에 있는 생명의 성령의 법이 죄와 사망의 법에서 너를 해방하였음이라."**(롬 8:2). 율법으로는 불가능했던 죄에서의 해방이 성령을 통해 이루어집니다.
- 육신의 죽음과 영의 생명: 성령을 따르는 삶은 육신의 소욕을 이기고 영의 소욕을 따르는 삶입니다. 성령이 우리 안에 거하시면 우리의 죽을 몸도 살리실 것이라는 소망을 제시합니다.
- 하나님의 자녀 됨: 성령은 우리가 하나님의 자녀임을 증언하시고, 우리가 그리스도와 함께 하나님의 상속자가 됨을 확증하십니다.
- 고난과 영광: 현재의 고난은 장차 우리에게 나타날 영광과 비교할

수 없으며, 모든 만물이 하나님의 자녀들이 나타날 때를 기다린다고 말합니다.
- 궁극적인 승리: "누가 우리를 그리스도의 사랑에서 끊으리요 환난이나 곤고나 박해나 기근이나 적신이나 위험이나 칼이랴… 이 모든 일에 우리를 사랑하시는 이로 말미암아 우리가 넉넉히 이기느니라."(롬 8:35-37). 그 어떤 것도 하나님의 사랑에서 우리를 끊을 수 없으며, 우리는 그리스도 안에서 궁극적인 승리를 얻게 됩니다.

8장은 성령님의 주도하에 이루어지는 구원의 완성과 그로 인한 그리스도인의 삶의 변화를 강조합니다. 율법이 할 수 없었던 것을 성령께서 이루시며, 그리스도인은 더 이상 죄의 종이 아니라 하나님의 자녀로서 자유와 평강을 누리게 됩니다.

넘어야 할 강, 영적 비밀: '나는 죽고 그리스도가 사는 삶'
로마서 7장에서 8장으로 넘어가는 것은 단순히 성경 구절이 바뀌는 것이 아니라, 죽음에서 생명으로, 절망에서 소망으로 건너가는 '넘어야 할 강'입니다. 이 강을 건너기 위한 영적 비밀은 바로 '나는 죽고 그리스도가 사는 삶'입니다.

1. 자아의 죽음과 죄에 대한 단절

7장에서 바울이 고백한 **"오호라 나는 곤고한 사람이로다."**는 자기 자신으로는 죄의 문제를 해결할 수 없다는 철저한 자기 부인을 의미합니다. 영적 비밀의 첫걸음은 나의 의지, 나의 노력, 나의 선함으로는 결코 죄에서 벗어날 수 없음을 인정하고, 죄에 대하여 나는 죽은 자임을 선포하는 것입니다.

- "우리가 알거니와 우리의 옛 사람이 예수와 함께 십자가에 못 박힌 것은 죄의 몸이 죽어 다시는 우리가 죄에게 종 노릇 하지 아니하려 함이니"(롬 6:6).
- 이것은 단순히 지적인 동의를 넘어, 나의 육신의 소욕과 죄의 유혹에 대해 적극적으로 저항하고 단절하는 결단을 의미합니다.

2. 성령의 내주하심과 통치에 순종

7장이 율법 아래에서의 인간의 무능력을 보여준다면, 8장은 성령님의 절대적인 능력을 보여줍니다. 이 '강'을 건너는 영적 비밀은 성령님을 나의 삶의 주인으로 모시고 그분의 인도하심에 전적으로 순종하는 것입니다.

- 생명의 성령의 법: 우리는 더 이상 죄와 사망의 법 아래 있지 않고, 성령의 인도를 받는 삶을 삽니다.
- 성령을 따르는 삶: 육신의 생각은 사망이지만, 영의 생각은 생명과 평안입니다(롬 8:6). 성령의 음성에 귀 기울이고 그분께서 가르치시고 인도하시는 대로 순종하는 것이 이 영적 비밀의 핵심입니다.
- 성령의 열매: 성령의 인도를 받는 삶은 사랑, 희락, 화평, 오래 참음, 자비, 양선, 충성, 온유, 절제와 같은 성령의 열매를 맺게 합니다.

3. 그리스도 안에 거함으로 얻는 완전한 승리

궁극적으로 로마서 7장에서 8장으로 넘어가는 '강'은 예수 그리스도의 십자가와 부활안에서 성취된 완전한 구원을 믿음으로 붙잡는 것입니다.

- 우리는 그리스도와 함께 죽고 함께 살았으며, 그분 안에서 새로운 피조물이 되었습니다.
- "누가 우리를 그리스도의 사랑에서 끊으리요?" 이 질문은 우리가 직면할 수 있는 모든 어려움 속에서도 하나님의 변치 않는 사랑과 그리스도 안에서의 우리의 안전함을 확증합니다. 이 사랑을 신뢰하는 것이 바로 '강'을 건너는 힘이 됩니다.

로마서 7장에서 8장으로의 전환은 인간적인 노력과 율법의 행위에서 벗어나, 십자가에서 나의 옛 자아가 죽고, 성령의 능력으로 말미암아 그리스도 안에서 새로운 생명을 얻는 영적 비밀을 보여줍니다. 이 비밀을 깨닫고 삶에 적용할 때, 우리는 죄와 사망의 권세에서 자유함을 얻고 하나님의 자녀로서 승리하는 삶을 살 수 있습니다.

갈 2:20, "내가 그리스도와 함께 십자가에 못 박혔나니 그런즉 이제는 내가 산 것이 아니요 오직 내 안에 그리스도께서 사신 것이라 이제 내가 육체 가운데 사는 것은 나를 사랑하사 나를 위하여 자기 몸을 버리신 하나님의 아들을 믿는 믿음 안에서 사는 것이라."

결코 정죄함이 없나니

롬 8:1,
그러므로 이제 그리스도 예수 안에 있는 자에게는 결코 정죄함이 없나니

그리스도의 사랑에서 끊어지지 않는 하나님의 사랑은 필연적. 절대적. 사랑의 복음입니다. 기독교 신앙의 핵심적인 진리 중 하나입니다. 이 말씀은 그리스도 예수 안에 있는 자들에게는 더 이상 정죄함이 없다는 선언이며, 이는 단순히 죄의 형벌에서 벗어나는 것을 넘어선 깊은 영적 의미를 내포합니다.

1. 율법의 정죄로부터의 해방

바울은 로마서 7장에서 죄와 율법 아래에서의 인간의 비참함을 깊이 탄식합니다. 율법은 죄를 깨닫게 하고 죄가 죄인 줄 알게 하지만, 죄를 이기게 할 능력은 없습니다. 오히려 율법은 죄를 더욱 분명히 드러내어 인간을 정죄하는 역할을 합니다. 결코 정죄함이 없음은 바로 이러한 율법의 정죄로부터의 해방을 의미합니다.

예수 그리스도께서 율법의 모든 요구를 완성하시고 십자가에서 죄의 대가를 치르셨기 때문에, 그리스도 안에 있는 자들은 더 이상 율법에 의해 정죄 받지 않습니다. 이는 인간의 행위나 노력으로 얻어지는 것이 아니라, 오직 주님의 은혜와 믿음으로 주어지는 선물입니다.

2. 그리스도 안에서의 새로운 존재

"결코 정죄함이 없나니"는 단순히 죄책감이나 형벌의 부재를 넘어, 그리스도 예수 안에서 새로운 피조물이 되는 존재론적 변화를 의미합니다. 로마서 8장 2절은 "이는 그리스도 예수 안에 있는 생명의 성령의 법이 죄와 사망의 법에서 너를 해방하였음이라"고 선언합니다. 이는 우리가 죄의 권세 아래 있던 옛 존재가 아니라, 성령 안에서 새로운 생명을 얻은 자가 되었음을 뜻합니다. 우리의 정체성은 이제 죄인이라는 낙인에서 벗어나, 그리스도 안에서 의롭고 거룩하며 하나님의 자녀라는 새로운 정체성을 부여받게 됩니다.

3. 성령의 인도하심과 자유

정죄함이 없다는 것은 방종으로 이어지는 것이 아니라, 오히려 성령의 인도하심에 따라 의의 삶을 살 수 있는 자유를 부여합니다. 율법이 우리의 의지를 통제할 수 없었던 것과 달리, 성령께서는 우리 안에 거하시며 우리가 하나님의 뜻에 순종하고 거룩한 삶을 살도록 돕고 인도하십니다. 정죄함이 없다는 확신은 우리가 실패하거나 넘어질 때에도 좌절하거나 절망하지 않고, 다시 일어서서 성령의 도우심을 구하며 나아갈 수 있는 힘이 됩니다. 이는 하나님과의 관계가 행위가 아닌 사랑과 은혜 위에 기초하고 있기 때문입니다.

4. 사탄의 고소로부터의 승리

'결코 정죄함이 없나니'는 우리를 고소하는 사탄의 공격에 대한 궁극적인 승리를 의미합니다. 사탄은 끊임없이 우리의 죄를 들추어내고 우리를 정죄하려 합니다. 그러나 그리스도 예수 안에서는 사탄의 어떤 고소도 효력을 발휘할 수 없습니다. 하나님께서 우리를 의롭다 하셨기 때문입니다. 로마서 8:33-34은 이 진리를 더욱 분명히 합니다. **"누가 능히 하나님께서 택하신 자들을 고발하리요 의롭다 하신 이는 하나님이시니 누가 정죄하리요 죽으실 뿐 아니라 다시 살아나신 이는 그리스도 예수시니 그는 하나님 우편에 계신 자요 우리를 위하여 간구하시는 자시니라."** 우리는 그리스도의 대속 사역과 중보를 통해 사탄의 모든 고소에서 자유롭습니다.

5. 흔들리지 않는 하나님의 사랑

궁극적으로 '결코 정죄함이 없나니'는 하나님께서 그리스도 안에서 우리를 향한 변함없고 흔들리지 않는 사랑을 확증하는 선언입니다. 우리의 연약함과 부족함에도 불구하고 하나님은 우리를 버리지 않으시고, 끊임없이 사랑으로 품으십니다.

이 말씀은 그리스도인의 삶에 평안과 담대함을 부여하며, 우리가 어떠한 상황에서도 하나님의 사랑 안에 거하고 있음을 깨닫게 합니다. 이 확신은 우리가 세상의 어려움과 유혹 속에서도 믿음을 지키고 흔들림 없이 나아갈 수 있는 든든한 반석이 됩니다.

'결코 정죄함이 없나니'는 과거의 죄책감, 현재의 연약함, 미래의 불안감으로부터 우리를 자유롭게 하는 해방의 복음입니다. 이 말씀은 우리가 날마다 누려야 할 영적인 실제입니다. 이 진리를 깊이 묵상하며 그 안에서 참된 자유와 평안을 누리시기를 바랍니다.

영으로써

롬 8:13,
너희가 육신대로 살면 반드시 죽을 것이로되 영으로써 몸의 행실을 죽이면 살리니.

너 믿음의 사람아, 날마다 삶 속에서 너의 고정관념을 깨라!

예수님은 믿음의 삶을 살아가는 우리를 향하여
하나님의 영광을 위하여 살도록 고정관념을 깨게 하는 귀한 말씀들을 많이 주셨습니다.
사람들은 제각기 자기 생각에 옳은 대로 자기 관점에서 유익한 대로 방향과 목적을 계획하고 뿌리 깊은 고정관념을 갖고 살아가고 행하고 있습니다.

그러나 우리 주님은 우리에게 고정관념에서
과감히 벗어나도록 이렇게 말씀하셨습니다.

영생을 얻는 길
요 12:25, "자기 생명을 사랑하는 자는 잃어버릴 것이요 이 세상에서 자기 생명을 미워하는 자는 영생하도록 보존하리라."

주를 위해 목숨을 버린 자
마 16:25, "예수께서 제자들에게 이르시되 누구든지 나를 따라오려거든 자기를 부인하고 자기 십자가를 지고 나를 따를 것이니라 누구든지 제 목숨을 구원하고자 하면 잃을 것이요 누구든지 나를 위하여 제 목숨을 잃으면 찾으리라."

영적으로 삶을 사는 자가 되라.
롬 8:13, "너희가 육신대로 살면 반드시 죽을 것이로되 영으로서 몸의 행실을 죽이면 살리니."

살고자 하는 자는 죽을 것이요 죽고자 하는 자는 살 것이니라.
마 5:3, "심령이 가난한 자는 복이 있나니 천국이 저희 것임이라"

자기를 낮추고 남을 섬기는 자기 되라.
마 23:12, "누구든지 자기를 높이는 자는 낮아지고 누구든지 자기를 낮추는 자는 높아지리라."
마 20:28, "인자가 온 것은 섬김을 받으려 함이 아니라 도리어 섬기려 하고 자기 목숨을 많은 사람의 대속물로 주려 함이니라."
마20:16~27, "너희 중에 누구든지 크고자 하는 자는 너희를 섬기는 자가 되고 너희 중에 누구든지 으뜸이 되고자 하는 자는 너희의 종이 되어야 하리라."
약 1:9, "낮은 형제는 자기의 높음을 자랑하고 부한 자는 자기의 낮아짐을 자랑할지니 이는 그가 풀의 꽃 같이 지나감이라."
마 5:39, "오른편 뺨을 때리면 왼편도 돌려 대어 주어라."
마 5:41, "오리를 함께 가자 하면 십리를 함께 가라."
롬 12:21, "악에게 지지 말고 선으로 악을 이기라."

원수가 주리거든 먹이라
롬 12:20, "네 원수가 주리거든 먹이고 목마르거든 마시게 하라 그리함으로 네가 숯불을 그 머리에 쌓아 놓으리라."

악에는 어린 아이가 되라

고전 14~20, "형제들아 지혜에는 아이가 되지 말고 악에는 어린 아이가 되라 지혜에는 장성한 사람이 되라."

원수를 사랑하라

마 5:44, "나는 너희에게 이르노니 너희 원수를 사랑하며 너희를 박해하는 자를 위하여 기도하라."

너희가 친히 원수를 갚지 말라

롬 12:19, "내 사랑하는 자들아 너희가 친히 원수를 갚지 말고 하나님의 진노하심에 맡기라 기록되었으되 원수 갚는 것이 내게 있으니 내가 갚으리라고 주께서 말씀하시니라."

주라 그리하면 흔들어 넘치도록 안겨 주리라

눅 6:38, "주라 그리하면 너희에게 줄 것이니 곧 후히 되어 누르고 흔들어 넘치도록 하여 너희에게 안겨 주리라 너희가 헤아리는 그 헤아림으로 너희도 헤아림을 도로 받을 것이니라."

그리스도와 함께 죽으면 주와 함께 살리라

딤후 2:11~12, "미쁘다 이 말이여 우리가 주와 함께 죽었으면 또한 함께 살 것이요 참으면 또한 함께 왕 노릇 할 것이요 우리가 주를 부인하면 주도 우리를 부인하실 것이라."

위의 것을 생각하고 땅의 것을 생각하지 말라

골 3:1~2, "그러므로 너희가 그리스도와 함께 다시 살리심을 받았으면 위의 것을 찾으라 거기는 그리스도께서 하나님 우편에 앉아 계시느니라 위의 것을 생각하고 땅의 것을 생각하지 말라."

롬 8:6, "육의 생각은 사망이요 영의 생각은 생명과 평안이니라."

그리스도의 사람들은 정과 욕심을 십자가에 못박았느니라
갈 5:24, "그리스도 예수의 사람들은 육체와 함께 그 정욕과 탐심을 십자가에 못 박았느니라."

이와 같이 성경의 많은 말씀이 우리의 고정관념을 버리고
말씀에 순종하도록 하셨습니다. 오직 말씀에 의지하여 우리의 고정관념을 과감히 깨는 삶을 살면
성령의 역사하심으로 인하여 놀라운 기적적인 일들이 매일 우리의 삶 속에서 계속적으로 일어나게 되리라!

의롭다 하심

롬 8:30,
또 미리 정하신(예정, 선택, 작정) 그들을 또한 부르시고 부르신 그들을 또한 의롭다 하시고(칭의) 의롭다 하신 그들을 또한 영화롭게 하셨느니라.

'의롭다 하심'은 인간이 하나님 앞에서 죄로 인해 잃어버린 의로움을 회복하는 것을 의미합니다. 이는 단순히 죄를 용서받는 것을 넘어, 하나님과의 올바른 관계를 회복하고 하나님의 자녀로서 새로운 삶을 시작하는 것을 포함합니다.

1. 의롭다 하심의 의미
- 인간은 스스로의 행위로는 하나님 앞에서 의로워질 수 없다고 성경은 말합니다.
- 의롭다 하심은 예수 그리스도의 희생을 통해 하나님께서 인간에게 거저 주시는 선물입니다.
- 예수 그리스도를 믿음으로써 인간은 하나님의 의를 덧입고 의롭다 여겨집니다.

2. 의롭다 하심의 과정
- 인간은 자신의 죄를 인정하고 회개해야 합니다.

- 예수 그리스도를 자신의 구원자로 믿고 받아들여야 합니다.
- 하나님께서는 예수 그리스도를 믿는 자를 의롭다고 선언하십니다.

3. 의롭다 하심의 결과
- 하나님과의 화목이 이루어집니다.
- 영원한 생명을 얻게 됩니다.
- 성령의 인도하심을 따라 새로운 삶을 살게 됩니다.

이 개념은 기독교 신앙의 핵심이며, 인간이 하나님과의 관계를 회복하고 참된 평안과 기쁨을 누릴 수 있는 길을 제시합니다.

인간편에서 회개와 믿음이 이루어졌을 때
하나님 나라에서는 중생에 대하여 의롭다
(칭의)하심으로, '너는 나의 자녀가 되었다'
(양자)라고 하나님께서 엄숙히 선포하십니다.

그대는 지금 의인입니까? 아직도 죄인입니까?
의인? 죄인? 아리송하지요.
성령으로 거듭난 자는 이제 의롭게 된
의인입니다. 그것은 죄가 없기 때문에
의인이라고 부르는 것이 아니라,
[예수님의 피의 속죄로 인하여 우리의 죄를
죄로 여기지 않겠다],
[너는 이제 의롭게 되었다]하는

[하나님의 법정적 선포]가 있었기 때문입니다.

나의 실제 상태는 물론 죄인이지만
재판관이신 하나님께서 무죄를 선포하여
죄인된 신분에서 의인 된 신분으로 법정적으로
공포해 주시는 것입니다.
그것은 하늘의 재판정에서 우리 곁에 계신
우리의 대언자(중보자) 되신 예수 그리스도의 사죄에 대한 열열히 주장하여 주심의 사랑과 은혜의 덕분이다.

[아버지여! 이 사람은 나의 피 값으로 산 바 된 자요.
이 사람은 나를 온전히 믿었고 순간순간
죄를 범할 때마다 가슴을 찢고 눈물로 회개함으로
나의 피로 씻음을 받아 죄 없다 함을 받은 자입니다]
하나님은 그리스도의 구속사역과
그리스도의 대언사역이 진정 칭의의 기초가
됨을 인정하시여 그리스도의 의를 죄인인 나에게
전가시키므로 마침내 [죄인 중에 괴수인 나를
의인으로 선포하셨습니다].

그러므로 사람이 의롭게 되는 것은
자신의 선한 행위에서 비롯되는 것이 아니라
[예수님의 십자가의 보혈의 속죄와

부활을 믿게 하시는 하나님의 주권적
은총으로 얻게 됩니다].

예수님의 죽으심과 부활하신 이유?
롬 4:25, "예수는 우리 범죄함을 위하여 내어줌이 되고
또한 우리를 의롭다 하심을 위하여 살아나셨느니라."

오직 의인은 믿음으로 말미암아 살리라.
롬 1:17, "복음에는 하나님의 의가 나타나서 믿음으로 믿음에 이르게 하나니 기록된바 오직 의인은 믿음으로 말미암아 살리라."

예수님께서 십자가를 지심은?
우리로 죄에 대하여 죽고 의에 대하여 살게 하려하심입니다.
벧전 2:24~25, "친히 나무에 달려 그 몸으로 우리 죄를 담당하셨으니 이는 우리로 죄에 대하여 죽고 의에 대하여 살게 하려 하심이라 그가 채찍에 맞음으로 너희는 나음을 얻었나니 너희가 전에는 양과 같이 길을 잃었더니 이제는 너희 영혼의 목자와 감독 되신 이에게 돌아왔느니라."

의로우신 예수 그리스도로 인하여
요일 2:1~2, "만일 누가 죄를 범하면 아버지 앞에서 우리에게 대언자가 있으니 곧 의로우신 예수 그리스도시라 저는 우리 죄를 위한 화목제물이니 우리만 위할 뿐 아니요 온 세상의 죄를 위하심이라."

예수 그리스도의 피로 우리를 속죄하시고
부활하심으로 우리를 의롭게 하셨습니다.
천국은 죄인이 들어갈 수 없는 거룩하고 영광스런 곳이요 오직 믿음

으로 의롭다함을 받은 하나님의 자녀로 거룩함을 받은 자만이 들어갈 수 있기 때문입니다.

세상에서 가장 큰 복을 받은 사람은
롬 4:7~8, "불법이 사함을 받고 죄가 가리어짐을 받는 사람들은 복이 있고 주께서 그 죄를 인정하지 아니하실 사람은 복이 있도다 함과 같으니라."

- 의를 위하여 핍박받기를 기뻐하며
- 착함과 의로움과 진실함으로 살자

거룩한 입맞춤

롬 16:16,
너희가 거룩하게 입맞춤으로 서로 문안하라 그리스도의 모든 교회가 다 너희에게 문안하느니라.

'거룩한 입맞춤'은 신약성경에 여러 번 등장하는 표현으로, 초기 그리스도인들 사이에서 행해지던 인사 방식입니다. 이는 단순한 사회적 관습을 넘어선 깊은 영적 의미를 지니고 있습니다.

영적 의미

- 사랑과 친밀함의 표현: "필레마"라는 헬라어 단어로 표현되는 입맞춤은 형제자매 간의 우정과 깊은 사랑을 나타내는 행위였습니다. 그리스도 안에서 한 가족이 된 성도들 사이의 따뜻한 관계를 시각적으로 보여주는 것입니다.

- 연합과 일치의 상징: 거룩한 입맞춤은 그리스도 안에서 하나 됨을 강조하는 행위였습니다. 서로에게 입맞춤으로써 공동체의 일원임을 확인하고, 사랑으로 결속된 연합을 표현했습니다.

- 환영과 존중의 표시: 낯선 방문자나 새로운 공동체 구성원을 환대하고 존중하는 의미로 사용되기도 했습니다. 이는 그리스도 안에서 모든 사람이 동등한 사랑과 존중을 받아야 함을 나타냅니다.

- 화해와 용서의 의미: 때로는 갈등이나 오해를 푼 후 화해의 표시로 입맞춤이 사용되기도 했습니다. 이는 그리스도의 사랑 안에서 서로 용납하고 하나 되는 중요성을 보여줍니다.

- 성령 안에서의 교제: 거룩한 입맞춤은 단순히 육체적인 접촉을 넘어, 성령 안에서 이루어지는 깊은 영적 교제를 상징하기도 합니다.

성경적 근거

신약성경에는 다음과 같은 구절에서 '거룩한 입맞춤' 또는 유사한 표현을 찾아볼 수 있습니다.

롬 16:16, "너희가 거룩하게 입맞춤으로 서로 문안하라 그리스도의 모든 교회가 다 너희에게 문안하느니라."
고전 16:20, "너희는 거룩한 입맞춤으로 서로 문안하라."
고후 13:12, "너희는 거룩한 입맞춤으로 서로 문안하라."
살전 5:26, "너희는 모든 형제에게 거룩하게 입맞춤으로 문안하라."
벧전 5:14, "너희는 사랑의 입맞춤으로 서로 문안하라 그리스도 안에 있는 너희 모든 이에게 평강이 있을지어다."

이 구절들은 사도들이 초대 교회 성도들에게 서로 사랑과 존중으로 인사하고, 그리스도 안에서 하나 됨을 표현하는 방법으로 거룩한 입맞춤을 권면했음을 보여줍니다.

오늘날의 문화적 배경과 관습은 초대 교회 시대와 다르기 때문에, 문자 그대로 입맞춤을 행하는 것이 부적절하거나 오해를 불러일으킬 수 있습니다. 그러나 "거룩한 입맞춤"이 담고 있는 영적 의미, 즉 그리스도 안에서의 사랑, 친밀함, 연합, 환영, 존중, 화해의 정신은 오늘날에도 성도 간의 교제 가운데서 다양한 방식으로 표현됩니다. 따뜻한 인사, 격려, 나눔, 섬김 등이 그 예가 될 수 있습니다.

1) 만남의 입맞춤: 라반과 야곱의(창 29:13)
2) 용서, 화평의 입맞춤: 에서와 야곱(창 33:14)
　= 요셉과 형들의 입맞춤(창 45:15)
3) 기름 붓고 지도자로 세우는 입맞춤: 사무엘과 사울(삼상 10:1)
4) 나오미와 며느리의 보증의 입맞춤(룻 1:14)
5) 탕자와 아버지의 회복의 입맞춤(눅 15:20)
6) 막달라 마리아의 예수님 발에 입맞춤의 헌신(눅 7:38)
7) 바울의 문안자의 입맞춤(롬 16:16)

바울의 문안자
1) 무엇이든지 소용되는 바를 도와 준 교회 일꾼 바울의 보호자 뵈뵈(롬 16:1~2)
2) 예수 안에서 목숨까지도 내놓은 동역자 브리스가와 아굴라(롬 16:3)
3) 처음 열매자, 에베네도와 수고를 많이 한 마리아와, 드루베나와, 드

루보사, 버시(롬 16:5, 롬 16:6,12)

4) 사도들에게, 존중히 여김을 받는 자로(롬 15:7)

5) 그리스도 안에서, 인정 받은, 사랑받는 자에게(롬 16:8, 10)

6) 주 안에 택함을 받은 루포(루포는 구레네시몬과 그이 아내에게서 낳은 자)
와 그의 어머니 곧 내 어머니라(롬16:13)

7) 함께 하는 형제들에게 문안(롬16:14~15)

   = 그리스도 안에서 인정받는 자로

   = 그리스도 안에서 수고하는 자로

   = 그리스도 안에서 존중히 여김을 받는 자로

   = 그리스도 안에서 사랑받는 자로

성령님께서 문안하며 복된 자 귀한 자 되시며, 사랑의 문안(심방)자로 치유와 회복과 응답과 축복이 되시기를 소망하며 기도합니다.

장성한 그리스도인

고전 13:11,
내가 어렸을 때에는 말하는 것이 어린아이와 같고 깨닫는 것이 어린아이와 같고 생각하는 것이 어린아이와 같다가 장성한 사람이 되어서는 어린아이의 일을 버렸노라.

교회생활을 하면서 목사, 장로, 권사, 집사로 직분을 받고
성도라 하면서 여전히 성숙함을 보여주지 못하고
어린아이같이 젖으로 양식을 삼고
영적 세계의 신령한 은혜로 나아가지 못하고 매 주일마다
교회 나올 때는 패전병처럼. 상처만을 남기고 돌아옵니다.
'어린아이의 일을 버렸노라.'는 고린도전서 13:11에 나오는 구절로, 영적으로는 미성숙하고 불완전한 상태를 벗어나 성숙한 신앙으로 나아가는 것을 의미합니다.

영적인 의미

이 구절은 사랑에 대한 바울 사도의 설명 중에 나옵니다. 바울은 어렸을 때와 어른이 되었을 때의 차이를 비유로 들어, 신앙인 역시 미성숙한 단계를 벗어나 성숙한 단계로 나아가야 함을 강조합니다.

- 미성숙함과 불완전함: "어린아이의 일"은 영적으로 깨닫는 것이 부족하고, 감정에 치우치며, 자기중심적인 신앙 상태를 의미할 수 있습니다. 예를 들어, 기복신앙에 얽매이거나, 눈에 보이는 현상에만 의존하며, 다른 사람의 입장을 헤아리지 못하는 모습 등입니다.

- 성숙한 신앙으로의 전환: "버렸노라"는 이러한 미성숙한 태도와 인식을 의식적으로 버리고, 그리스도의 장성한 분량에 이르도록 성장해 나가는 것을 뜻합니다. 이는 이성적이고 분별력 있는 판단, 이타적인 사랑, 그리고 흔들리지 않는 믿음을 갖추는 것을 포함합니다. 즉, 단순히 지식적인 성장을 넘어 인격적인 성숙과 영적인 깊이를 더해가는 것을 의미합니다.

오늘날의 우리에게도 중요한 메시지를 전합니다. 신앙생활을 하면서 우리는 끊임없이 영적으로 성장하고 성숙해져야 합니다. 어린아이처럼 자기중심적이고 즉각적인 만족을 추구하기보다는, 하나님과 이웃을 사랑하는 마음으로 자신을 낮추고 섬기며, 온전한 믿음의 길을 걸어가야 한다는 교훈을 줍니다.

오늘, 이 하루도 감사와 찬양으로 하나님께 영광이요
성령의 인도하심을 따라 승리하는 축복의 시간이 되시기를 기도합니다.

두 인격

고전 15:49.
우리가 흙에 속한 자의 형상'을 입은 것 같이 또한 하늘에 속한 이의 형상'을 입으리라.

삶과 죽음에 대해 끝없는 고민과
두려움으로 살아가는 인생들에게 바울은 부활로써 중요한
설명을 해 줍니다. 첫 사람 아담과 마지막 아담,
생령과 살려주는 영, 육의 사람과 신령한 사람.
흙에 속한 자와 하늘에 속한 자,
흙에 속한 자의 형상과 하늘에 속한 자의 형상 등
바울은 뚜렷한 대비를 통해서 우리에게 두 가지 삶을 보여줍니다.
첫 사람 아담처럼 사는 인생은 욕되고 비천하고 약하지만,
마지막 아담인 예수처럼 사는 인생은
영광스럽고 강하다고 말합니다.

첫째 사람과 둘째 사람의 삶은 전혀 다릅니다.
믿음을 갖고 사랑으로 사는 것이 이 땅에서 누릴 수 있는
몸의 부활입니다. 그리스도로 말미암아
하늘에 속한 이의 형상을 입은 완전한 변화입니다.

아담의 형상을 입은 육의 삶, 다시 말해서
탐욕을 따르는 멸망의 삶이 죽고, 하늘에 속한
예수 그리스도의 형상을 입어 하늘에 속한 자답게
사는 것입니다.
그렇게 예수님의 형상을 입은 몸의 삶이 될 때
영광과 능력의 영원한 생명을 살게 되는
'몸이 다시 사는 것'입니다.
몸이 다시 사는 길은 마지막 아담 예수님의
'살려주는 영'으로 가능합니다.
우리의 죽은 존재와 부활의 모습은 완전한 전환입니다.

그 변모가 영원한 생명이 되는 길은
예수 그리스도 안에서 죽고 예수 그리스도 안에서의 부활입니다.
오늘, 이 하루도 우리 모두 주와 함께 죽고
주와 함께 살기를 간절히 소망합니다.
하나님! 부패하여 없어질 우리에게
예수 그리스도로 말미암아 부활의 소망과 평화를
주시니 감사합니다.
이제 그리스도 안에서 온전히 죽은 자 되어
썩지 아니할 것으로 살아나게 하시옵소서.
주와 함께 죽고 주와 함께 살게 하옵소서.

예수 그리스도처럼 독수리처럼 살 것인가?

아니면 평생에 날지 못하고 땅에서 땅만 바라보고
땅의 흙으로 돌아가는 굼벵이처럼 평생을 살 것인가?

육적인 삶과 영적인 삶을 굼벵이와 나비에 비유해서 설명을 하게 됩니다. 굼벵이와 나비는 흥미로운 대조입니다!
흙에서 피어나는 영원의 날갯짓

사랑하는 성도 여러분,
우리는 두 가지 상반된 이미지를 통해 우리의 삶을 깊이 묵상해 보려 합니다. 땅에 붙어 꿈틀거리는 굼벵이와 하늘을 자유롭게 날아다니는 나비입니다.
우리의 육적인 삶은 때때로 굼벵이와 같습니다. 좁은 세상 속에서 답답함을 느끼고, 눈앞의 현실에 갇혀 한 걸음 내딛기도 버거울 때가 있습니다. 세상의 욕망과 염려라는 끈적한 진액에 붙들려 앞으로 나아가지 못하고, 끊임없이 먹고 소화하는 본능적인 행위에 매몰되기도 합니다. 마치 땅속 어둠 속에서 벗어날 희망조차 보이지 않는 굼벵이처럼 말입니다.

그러나 우리 안에는 영원한 생명의 씨앗이 심겨져있습니다. 하나님의 형상대로 지음 받은 우리의 영혼은 굼벵이의 껍질 속에 갇혀 신음하는 나비와 같습니다. 좁고 답답한 육신의 틀 안에서 진정한 자유와 아름다움을 갈망하며, 끊임없이 더 높은 곳을 향해 날갯짓하기를 소망합니다.

하나님의 은혜는 바로 이 굼벵이 같은 우리를 변화시켜 나비처럼 날아오르게 하는 능력입니다. 죄와 사망의 굴레를 벗고, 십자가의 보혈로 정결케 되어, 마침내 영원한 생명의 빛을 향해 비상하는 것입니다.

어떻게 굼벵이에서 나비로 변화될 수 있을까요?

첫째, 애벌레 시기를 거쳐야 합니다. 나비가 되기 위해 굼벵이는 고통스러운 번데기 시기를 견뎌내야 합니다. 우리 역시 영적인 성장을 위해 연단의 과정을 거쳐야 합니다. 고난과 역경 속에서 우리는 더욱 겸손해지고, 하나님의 도우심을 간절히 구하게 됩니다.

둘째, 낡은 껍질을 벗어 던져야 합니다. 굼벵이는 성장을 위해 자신의 낡은 껍질을 벗어 던져야 합니다. 또한 과거의 죄악 된 습관과 세상적인 가치관을 버려야 새로운 영적인 삶을 살아갈 수 있습니다.

셋째, 하나님의 능력으로 변화되어야 합니다. 스스로의 힘으로는 굼벵이가 나비가 될 수 없습니다. 오직 창조주 하나님의 놀라운 섭리와 능력만이 우리를 변화시킬 수 있습니다. 성령의 인도하심을 따라 날마다 새로운 피조물로 변화되어야 합니다.

우리는 더 이상 땅에 머무는 굼벵이가 아닙니다. 육적인 욕망과 세상적인 얽매임에서 벗어나, 하나님의 은혜 안에서 날마다 새롭게 변화되어, 창조적인 영적인 삶을 살아가시기를 간절히 축복합니다.

성령의 충만함을 받으라

엡 5:18,
술 취하지 말라 이는 방탕한 것이니 오직 성령의 충만을 받으라.

창조주 하나님은 한 분이신 하나님이시요
세 위가 계심이라 성부 하나님, 성자 하나님, 성령 하나님

성령 하나님의 여러 호칭에 대하여..
성령 하나님, 보혜사, 하나님의 영, 그리스도의 영,
진리의 성령, 생명의 성령, 지혜와 계시의 영,
약속의 성령, 인치시는 성령, 회개하게 하는 영,

성령의 나타나는 현상=불 같은 성령, 바람 같은 성령,
비둘기 같은 성령, 생수 같은 성령, 기름 같은 성령, 인과 같은 성령,
내 안에 임재하신 보혜사 성령님!

요 14:16~17, "내가 아버지께 구하겠으니 그가 또 다른 보혜사를 너희에게 주사 영원토록 너희와 함께 있게 하시리니 저는 진리의 영이라 세상은 능히 저를 받지 못하나니 이는 저를 보지도 못하고 알지도 못함이라 그러나 너희는 저를 아나니 너희와 함께 거하심이요 또 너희 속에 계시겠음이라."

그리스도의 영이 없으면 그리스도의 사람이 아니라

롬 8:9, 만일 너희 속에 하나님의 영이 거하시면 너희가 육신에 있지 아니하고 영에 있나니 누구든지 그리스도의 영이 없으면 그리스도의 사람이 아니라."

진리의 성령이 내 안에서 하신 일

예수님을 증거하심(하나님의 아들이시오 구세주이심을 증거)

요 15:26, "내가 아버지께로서 너희에게 보낼 보혜사 곧 아버지께로서 나오시는 진리의 성령이 오실 때에 그가 나를 증거하실 것이요."

모든 것을 가르치시고 예수님의 말씀을 생각나게 하심

요 14:26, "보혜사 곧 아버지께서 내 이름으로 보내실 성령 그가 너희에게 모든 것을 가르치시고 내가 너희에게 말한 모든 것을 생각나게 하시리라."

세상을 책망하심

요 16:8, "그가 와서 죄에 대하여, 의에 대하여, 심판에 대하여 세상을 책망하시리라."

장래 일을 알게 하심

요 16:13, "그러나 진리의 성령이 오시면 그가 너희를 모든 진리 가운데로 인도하시리니 그가 자의로 말하지 않고 오직 듣는 것을 말하시며 장래 일을 너희에게 알리시리라."

우리 마음에 기쁨을 주심.

요 16:22, "지금은 너희가 근심하나 내가 다시 너희를 보리니 너희 마음이 기쁠 것이요 너희 기쁨을 빼앗을 자가 없느니라."

기도의 응답의 기쁨을 주심

요 16:24, "지금까지는 너희가 내 이름으로 아무것도 구하지 아니하였으나 구하라 그리하면 받으리니 너희 기쁨이 충만하리라."

세상을 이길 힘을 주심

요 16:33, "이것을 너희에게 이름은 너희로 내 안에서 평안을 누리게 하려 함이라 세상에서는 너희가 환난을 당하나 담대하라 내가 세상을 이기었노라."

모든 것을 할 수 있는 능력을 주심

빌 4:14, "내게 능력 주시는 자 안에서 내가 모든 것을 할 수 있느니라."

심판을 이방에 알게 하심

마 12:18, "보라 나의 택한 종 곧 내 마음에 기뻐하시는바 나의 사랑하는 자로다 내가 내 성령을 줄 터이니 그가 심판을 이방에 알게 하리라."

우리를 물과 성령으로 거듭나게 하심

요 3:5, 예수께서 대답하시되 진실로 진실로 네게 이르노니 사람이 물과 성령으로 나지 아니하면 하나님 나라에 들어갈 수 없느니라."

죄와 사망의 법에서 우리를 자유하게 하심

롬 81~2, 그러므로 이제 그리스도 예수 안에 있는 자에게는 결코 정죄함이 없나니 이는 그리스도, 예수 안에 있는 생명의 성령의 법이 죄와 사망의 법에서 너를 자유하게 하였음이라."

우리가 하나님의 자녀인 것을, 증거하심

롬 8:16~17, 성령이 친히 우리 영으로 더불어 우리가 하나님의 자녀인 것을 증거하시나니 자녀이면 또한 후사 곧 하나님의 후사요 그리스도와 함께한 후사니 우리가 그와 함께 영광을 받기 위하여 고난도 함께 받아야 될 것이니라."

약속의 성령으로 우리를 인치시고, 우리 기업의 보증이 되어 주심

엡 1:13~14, "그 안에서 너희도 진리의 말씀 곧 너희의 구원의 복음을 듣고 그 안에서 또한 믿어 약속의 성령으로 인치심을 받았으니 이는 우리 기업의 보증이 되사 그 얻으신 것을 속량하시고 그의 영광을 찬송하게 하려 하심이라."

우리 연약함을 위하여 친히 간구하심

롬 8:26~27, 이와 같이 성령도 우리 연약함을 도우시나니 우리가 마땅히 빌 바를 알지 못하나 오직 성령이 말할 수 없는 탄식으로 우리를 위하여 친히 간구하시느니라 마음을 감찰하시는 이가 성령의 생각을 아시나니 이는 성령이 하나님의 뜻대로 성도를 위하여 간구하심이니라."

하나님의 깊은 것을 통달하게 하심.

고전 2:10, 오직 하나님이 성령으로 이것을 우리에게 보이셨으니 성령은 모든 것 곧 하나님의 깊은 것이라도 통달하시느니라."

하나님이 주신 은혜를 알게 하심

고전 2:12, 우리가 세상의 영을 받지 아니하고 오직 하나님께로 온 영을 받았으니 이는 우리로 하여금 하나님께서 우리에게 은혜로 주신 것들을 알게 하려 하심이라."

주의 일을 위하여 각종 은사들을 주심.

고전 12:7~12, "각 사람에게 성령의 나타남을 주심은 유익하게 하려 하심이라 어떤 이에게는 성령으로 말미암아 지혜의 말씀을, 어떤 이에게는 지식의 말씀을, 다른 이에게는 믿음을, 어떤 이에게는 병 고치는 은사를, 어떤 이에게는 능력 행함을, 어떤 이에게는 예언함을, 다른 이에게는 각종 방언 말함을, 어떤 이에게는 방언들 통역함을 주시나니 이 모든 일을 같은 한 성령이 행사하사 그 뜻대로 각 사람에게 나눠 주시느니라."

성령의 열매를 맺게 하심
갈 5:22~23, "오직 성령의 열매는 사랑과 희락과 화평과 오래 참음과 자비와 양선과 충성과 온유와 절제이니 같은 것을 금지할 법이 없느니라."

빛의 열매를 맺게 하심
엡 4:9, "빛의 열매는 착함과 의로움과 진실함에 있느니라."

성령님은 내 안에 계셔서 나의 마음과 생각과 삶을 인도하시도다.

성령의 능력으로 온 세계에 복음을 증거하게 하심
행 1:8, "오직 성령이 너희에게 임하시면 너희가 권능을 받고 예루살렘과 온 유대와 사마리아와 땅 끝까지 이르러 내 증인이 되리라 하시니라."

지혜와 계시의 정신을 부어 주사 우리의 마음의 눈을 밝게 하시어 하나님을 알게 하시고 예수 그리스도 안에서 영광을 누릴 영의 세계를 볼 수 있게 하심
엡 1:17~19, "우리 주 예수 그리스도의 하나님 영광의 아버지께서 지혜와 계시의 영을 너희에게 주사 하나님을 알게 하시고 너희 마음의 눈을 밝히사 그의 부르심의 소망이 무엇이며 성도 안에서 그 기업의 영광의 풍성함이 무엇이며 그의 힘의 위력으로 역사하심을 따라 믿는 우리에게 베푸신 능력의 지극히 크심이 어떠한 것을 너희로 알게 하시기를 구하노라."

성령을 훼방하는 죄는 사하심을 얻지 못함

마 12:31~32, "그러므로 내가 너희에게 이르노니 사람에 대한 모든 죄와 모독은 사하심을 얻되 성령을 모독하는 것은 사하심을 얻지 못하겠고 또 누구든지 말로 인자를 거역하면 사하심을 얻되 누구든지 말로 성령을 거역하면 이 세상과 오는 세상에서도 사하심을 얻지 못하리라."

주님께서 이렇게 말씀하셨습니다.
성령을 받으라.
성령을 충만히 받으라.
성령을 소멸하지 말라.
성령을 근심하게 하지 말라.
성령을 훼방하지 말라.

오직 성령의 인도하심에 따라 순종하며 충성하며
주의 뜻을 알아 이루며 성결과 거룩함으로 옷 입고
성령의 사람으로 승리하며 삽시다.

편지, 문서, 문자

골 1:2,
골로새에 있는 성도들 곧 그리스도 안에서 신실한 형제들에게 편지하노니 우리 아버지 하나님으로부터 은혜와 평강이 너희에게 있을지어다.

나에게 보내 주신 하나님의 문자와
내가 하나님께 올려 보내드린 문자

성경 말씀은 하나님이 우리에게 보내 주신
반드시 이루실 계시의 문자이며
하나님의 영광과 은혜와 사랑과 능력과 계획하심을
우리에게 알게 하신 것입니다.
기도는 우리가 하나님께 소원을 아뢰어 드리는 문자이며
기도는 우리가 하나님을 만날 수 있는 가장 귀한 비밀통로이며
하나님의 뜻을 하달을 받아
하나님의 뜻을 깊이 알아 이루어 드리는 능력입니다.

하나님께로부터 말씀을 많이 받은 사람은
그 말씀 안에 감추인 비밀을 하나님께서 그를 통해서
자기 뜻을 이루시기 위하여 관심을 갖고 사랑하시는 자요

하나님께로 문자를 많이 보낸 사람은
우주 만물의 존재와 인생의 생사화복과 나라와 정세에 대하여
모든 문제들을 자기 뜻대로 이루어 가시는
전지전능하시고 무소 부재하시며 권세와 능력이 무한하신
하나님을 온전히 신뢰하고 주의 뜻을 이루기 위하여
말씀에 온전히 순종하는, 하나님을 사랑하는 자입니다.

나는 하나님께로부터 날마다 얼마나 많은
사랑의 문자를 받아 읽고 하나님의 음성을 들었는가?
또 나는 하나님을 신뢰하고 사랑하여 얼마나 많은 기도의 문자를
시시때때로 올려드렸는가?

오 주 예수여! 나에게 하나님을 신뢰하는 믿음을 주시고 나로 주의
뜻을 알아 이루도록 말씀에 순종하는 믿음을 주시고 하나님을 향한
기도의 문을 내 마음에 활짝 열어주옵소서..

하나님의 보좌로 올라가는 성도들의 기도와 향연.
(나의 기도는 하나님 보좌 앞에 얼마나 올라갔을까?)
계 8:3~4, "또 다른 천사가 와서 제단 곁에 서서 금향로를 가지고 많은 향을 받았으니 이는 모든 성도의 기도와 합하여 보좌 앞 금 제단에 드리고자 함이라 향연이 성도의 기도와 함께 천사의 손으로부터 하나님 앞으로 올라가는지라."

기도의 응답은 예수님으로 인하여 아버지로 영광을
받으시게 하려 함이라

요 14:13~14, "너희가 내 이름으로 무엇을 구하든지 내가 행하리니 이는 아버지로 하여금 아들로 말미암아 영광을 받으시게 하려 함이라 내 이름으로 무엇이든지 내게 구하면 내가 행하리라."

기도하는 자의 마음과 생각을 지키시는 하나님
빌 4:6~7, "아무것도 염려하지 말고 다만 모든 일에 기도와 간구 너희 구할 것을 감사함으로 하나님께 아뢰라 그리하면 모든 지각에 뛰어난 하나님의 평강이 그리스도 예수 안에서 너희 마음과 생각을 지키시리라."

기도하는 자에게 보혜사 성령께서 예수님의 말씀을 깊이 깨닫게 하시고 주께서 말씀하신 것을 생각나게 하시며 근심과 두려움이 없는 참 평안을 주심이라
요 14:26~27, "보혜사 곧 아버지께서 내 이름으로 보내실 성령 그가 너희에게 모든 것을 가르치고 내가 너희에게 말한 모든 것을 생각나게 하리라 평안을 너희에게 끼치노니 곧 나의 평안을 너희에게 주노라 내가 너희에게 주는 것은 세상이 주는 것과 같지 아니하니라 너희는 마음에 근심하지도 말고 두려워하지도 말라."

날마다 부지런히 하나님께서 보내 주신
말씀의 문자를 잘 확인하고 성령의 지혜와 지식으로
그 뜻을 깊이 깨달아 알아 주의 능력을 얻어
주의 뜻을 온전히 이루며 살기 위해 나의 기도의 문자를 순간마다 간절히 하나님께 올려드립시다.

이 신비한 문자를 주고받는 자 외에는 그 크신 은혜와 사랑에 대한 신비한 영광을 그 누가 알리요.

그대는 주님의 구원의 은혜와 놀라운 사랑을 크게 받은 주님의 거룩하고 순결한 신부로다.
때마다 일마다 순간순간마다 무시로 성령과
함께 기도하는 주님께 속한 기도의 사람이 되라.
하나님은 나를 지극히 사랑하사 살아 역사하는 말씀을 통해 하나님의 비밀을 알게 하셨고 나는 하나님 말씀을 날마다 수시로 받아 하나님의 뜻을 이루어
주님의 십자가의 대속의 사랑과 은혜를 널리 전하여
생명의 열매를 맺어가는 가장 존귀한 자가 됨이라.

하나님이여! 내가 여기 있나이다 지금 내게 말씀하옵소서 내가 듣고 순종하여 주님의 크신 뜻을 충성되게 이행하리이다.

신령한 지혜

골 1:9,
이로써 우리도 듣던 날부터 너희를 위하여 기도하기를 그치지 아니하고 구하노니 너희로 하여금 모든 신령한 지혜와 총명에 하나님의 뜻을 아는 것으로 채우게 하시고.

누구든지 부족하거든 지혜를 구하라
신령한 지혜는 어떤 것인가?

'누구든지 부족하거든 지혜를 구하라.'는 말씀은 많은 사람에게 영감을 주는 구절입니다. 여기서 말하는 지혜는 단순히 세상 적인 지식이나 경험을 넘어서는 것을 의미합니다.
세상 적인 지혜는 잔머리 돌리고, 잔꾀를 부리는 것으로, 상대에게 피해를 끼치고 손해를 입히지만, 신령한 지혜는 상대를 세우고 높이고 자신은 더욱 겸손함으로 은혜로 하나님만 높이는 것입니다.

신령한 지혜란 무엇인가?

'신령한 지혜'는 일반적으로 인간의 노력만으로는 얻기 어려운, 하나님으로부터 오는 지혜를 의미합니다. 이는 다음과 같은 특성들을 가집니다.

- 영적인 통찰력: 세상의 현상이나 사건을 단순히 표면적으로만 보는 것이 아니라, 그 이면에 있는 하나님의 뜻이나 영적인 의미를 깨닫는 능력입니다. 옳고 그름을 분별하고, 하나님의 관점에서 상황을 이해하게 돕습니다.

- 하나님의 속성과 일치: 이 지혜는 하나님의 성품, 즉 사랑, 자비, 공의, 진실 등과 일치합니다. 따라서 신령한 지혜를 구하는 사람은 이기적이거나 자기중심적이지 않고, 타인을 배려하고 정의를 추구하는 방향으로 나아가게 됩니다.

- 겸손함과 순종: 신령한 지혜는 자신이 모든 것을 알지 못한다는 겸손한 마음에서 비롯됩니다. 하나님의 인도하심과 말씀을 신뢰하고 순종하려는 태도와 연결됩니다.

- 평화와 화해를 추구: 이 지혜는 분쟁을 일으키기보다 평화를 만들고, 관계를 회복하며, 용서와 이해를 통해 화합을 이루는 데 사용됩니다.

- 인생의 궁극적인 목적 이해: 세상의 유한한 성공이나 물질적인 풍요를 넘어, 삶의 진정한 의미와 목적을 깨닫고 영원한 가치를 추구하도록 이끕니다.

신령한 지혜를 구하는 방법

- 가장 기본적인 방법은 하나님께 직접 지혜를 간구하는 것입니다. 야고보서 1:5절처럼, "꾸짖지 아니하시고 후히 주시는 하나님께 구하면 주시리라."고 합니다.

- 성경은 하나님의 뜻과 지혜가 담긴 책으로 여겨집니다. 성경을 꾸준히 읽고 묵상하며 그 말씀을 삶에 적용하려 노력하는 것이 중요합니다.

- 하나님의 말씀에 순종하는 삶을 살 때, 그 속에서 우리는 하나님의 지혜를 경험하고 깨닫게 됩니다.

- 성령님께서는 우리가 하나님의 지혜를 이해하고 실천하도록 돕는다고 믿습니다. 성령의 인도하심을 구하는 것도 중요합니다.

약 3:15, "이러한 지혜는 위로부터 내려온 것이 아니요 세상적이요 정욕적이요 마귀적이니 오직 위로부터 난 지혜는 첫째 성결하고 다음에 화평하고 관용하고 양순하며 긍휼과 선한 열매가 가득하고 편벽과 거짓이 없나니."

지혜를 구하라

약 1:5,
너희 중에 누구든지 지혜가 부족하거든 모든 사람에게 후히 주시고 꾸짖지 아니하시는 하나님께 구하라 그리하면 주시리라.

'호크마', 지혜는 매우 귀하고 가치 있고 소중하고 지혜안에는 부귀영화. 장수 인간의 모든 필요가 그 안에 있으므로 구할 것 가운데 가장 먼저 구할 것은 지혜입니다.

그러므로 지혜를 구한다는 것은 매우 중요합니다. 어떤 지혜를 구해야 하는지는 개인의 상황과 목표에 따라 달라질 수 있지만, 일반적으로 다음과 같은 지혜를 추구하는 것이 도움이 됩니다.

1. 자신을 이해하는 지혜(자기 이해)

- 자신의 강점과 약점: 무엇을 잘 하고, 무엇이 부족한지 명확히 아는 것은 발전의 첫걸음입니다.
- 가치관과 신념: 무엇을 중요하게 생각하고, 어떤 믿음을 가지고 있는지 아는 것은 삶의 방향을 설정하는 데 필수적입니다.
- 감정과 욕구: 자신의 감정을 인지하고 다스리며, 진정으로 무엇을 원하는지 아는 것은 만족스러운 삶을 위한 기초입니다.

2. 세상을 이해하는 지혜(세상에 대한 이해)

- 상황 판단력: 복잡한 상황을 정확하게 분석하고, 핵심을 파악하여 올바른 결정을 내리는 능력입니다.
- 다양성에 대한 이해: 나와 다른 사람들의 생각, 문화, 가치관을 이해하고 존중하는 태도입니다. 이는 갈등을 줄이고 협력을 증진시킵니다.
- 변화에 대한 적응력: 세상은 끊임없이 변합니다. 변화를 두려워하지 않고 받아들이며, 새로운 것에 유연하게 대처하는 지혜가 필요합니다.

3. 관계를 맺는 지혜(인간관계 지혜)

- 공감 능력: 다른 사람의 감정과 입장을 이해하고 공감하는 능력은 건강한 관계를 유지하는 데 필수적입니다.
- 소통 능력: 자신의 생각과 감정을 효과적으로 전달하고, 다른 사람의 이야기를 경청하는 능력입니다.
- 갈등 해결 능력: 관계에서 발생하는 갈등을 현명하게 해결하고, 건설적인 방향으로 이끌어가는 지혜입니다.

4. 문제 해결의 지혜(실용적 지혜)

- 비판적 사고: 주어진 정보를 맹목적으로 받아들이지 않고, 논리적

으로 분석하고 평가하여 합리적인 결론을 도출하는 능력입니다.
- 창의적 사고: 고정관념에서 벗어나 새로운 아이디어를 떠올리고, 혁신적인 해결책을 찾아내는 능력입니다.
- 실행력과 끈기: 좋은 아이디어가 있더라도 실행하지 않으면 아무것도 변하지 않습니다. 어려움 속에서도 포기하지 않고 목표를 향해 나아가는 끈기가 필요합니다.

5. 삶의 의미를 찾는 지혜(성찰적 지혜)

- 인생의 목적: 내가 왜 살아가고 있는지, 무엇을 위해 노력해야 하는지 고민하고 답을 찾아가는 지혜입니다.
- 성장과 배움: 삶의 모든 경험을 배움의 기회로 삼고, 끊임없이 자신을 성장시키려는 태도입니다.
- 감사와 겸손: 주어진 것에 감사하고, 자신의 한계를 인정하며 겸손한 태도를 유지하는 것은 삶을 풍요롭게 합니다.

결국 지혜는 삶의 다양한 측면에서 우리가 더 나은 선택을 하고, 의미 있는 삶을 살아가도록 돕는 등불과 같습니다. 어떤 지혜를 구해야 할지 정하기 어렵다면, 지금 자신에게 가장 필요한 것이 무엇인지 먼저 생각해 보는 건 어떨까요?
지혜의 문서인 잠언. 전도서. 욥기서를 많이 통독하여 내 속에 있는 무식의 때를 벗기시기를 기도합니다.

자기기만의 함정

약 1:22~24.
너희는 말씀을 행하는 자가 되고 듣기만 하여 자신을 속이는 자가 되지 말라 누구든지 말씀을 듣고 행하지 아니하면 그는 거울로 자기의 생긴 얼굴을 보는 사람과 같아서 제 자신을 보고 가서 그 모습이 어떠했는지를 곧 잊어버리거니와.

자기기만은 영적 여정에서 흔히 발생하는 함정입니다. 이는 우리가 자신의 영적 상태, 동기, 진보에 대해 스스로를 속이는 것을 의미합니다. 자기기만은 우리의 영적 성장을 방해하고, 진정한 자기 인식과 하나님과의 깊은 관계를 맺는 것을 막습니다.

자기기만의 징후:

- 자신의 영적 상태에 대한 과장된 인식: 자신이 다른 사람들보다 더 영적으로 성숙하다고 생각하거나, 자신의 영적 경험을 과장하는 경향이 있습니다.
- 죄에 대한 안일한 태도: 자신의 죄를 가볍게 여기거나, 합리화하거나, 다른 사람의 탓으로 돌립니다.
- 외적인 종교 행위에 치중: 기도, 예배, 봉사 등 외적인 종교 행위에만 집중하고 내적인 변화를 소홀히 합니다.

- 비판적이고 판단적인 태도: 다른 사람들의 영적 여정을 비판하거나 판단하며, 자신의 부족함은 보지 못합니다.
- 변화에 대한 저항: 자신의 생각이나 행동 방식을 바꾸는 것을 두려워하거나 거부합니다.
- 하나님의 말씀을 선택적으로 수용: 자신이 듣고 싶어 하는 말씀만 받아들이고, 불편한 진리는 외면합니다.

자기기만을 극복하는 방법:

- 정직한 자기 성찰: 자신의 내면을 솔직하게 들여다보고, 자신의 생각, 감정, 동기를 주의 깊게 살핍니다.
- 하나님의 말씀에 대한 순종: 하나님의 말씀을 객관적으로 받아들이고, 삶에 적용하기 위해 노력합니다.
- 기도와 묵상: 꾸준한 기도와 묵상을 통해 하나님과의 관계를 깊게 하고, 하나님의 관점에서 자신을 바라봅니다.
- 영적 조언과 교제: 신뢰할 수 있는 영적 지도자나 동료로부터 조언을 구하고, 함께 교제하며 서로를 격려합니다.
- 겸손한 마음: 자신의 부족함을 인정하고, 배우려는 자세를 갖습니다.
- 성령의 인도: 성령의 도우심을 구하며, 성령의 인도에 따라 삶을 변화시켜 나갑니다.

자기기만은 영적 성장의 가장 큰 장애물 중 하나입니다. 자신을 속이지 않고 진실하게 영적 연구에 임할 때, 우리는 더욱 깊은 자기 인식과 하나님과의 친밀한 관계를 경험하며, 진정한 영적 성장을 이루어 나갈 수 있습니다. 우리는 신앙생활뿐 아니라 사회 생활에서도 최선을 다해 부지런히 살아야 합니다.
그리스도인에게 있어서 일터는 곧 선교지요,
사역지이기 때문입니다. 우리가 어디에 있건 신앙의 태도를 분명히 하고, 꼭 필요한 사람이 되어야 합니다.

세상을 고치기 원한다면, 먼저 나 자신이 이 세상에 꼭 필요한 존재가 되어야 합니다. 그래야만 우리의 말과, 행동에 힘이 실립니다.
나 자신이 주위 사람들에게 유명무실한 존재일 때 내가 전하는 예수님도 그들에게 그렇게 여김을 받을지 모릅니다. 교회에서의 섬김이 사회에서 하는 일보다 더 중요하고 귀한 일이라고 생각하지 말아야 합니다.
교회와 세상을 구분하려는 시도는 교회에서도,
세상에서도 신자다운 삶을 살지 못하는 사람들의 생각입니다.

교회 안에서 하나님의 마음을 기쁘게 해 드리며 섬기는 사람은 세상에서도 하나님께 충성스럽게 삽니다. 우리가 정말로 추구해야 하는 것은, 교회와 세상의 구분 없이 어디서나 정직하고 올바르게 사는 삶입니다. 이런 삶이 참 그리스도인의 삶입니다.
매사에 하나님의 주권을 인정하는 것, 이것이 우리가 추구해야 할 진정한 그리스도인의 삶입니다.

내일 일은 난 몰라요

약 4:14,
내일 일을 너희가 알지 못하는도다 너희 생명이 무엇이뇨 너희는 잠간 보이다가 없어지는 안개니라.

"내일 일을 알지 못하는도다"라는 말씀은 단순히 미래를 예측할 수 없다는 사실을 넘어, 삶의 깊은 영적 의미를 담고 있습니다. 이 구절은 인간의 한계와 신의 주권, 그리고 현재에 충실하는 삶의 중요성을 일깨워줍니다.

인간의 한계와 겸손

우리는 미래를 알 수 없다는 사실을 통해 인간의 유한함을 깨닫게 됩니다. 아무리 계획하고 노력한다 할지라도, 예상치 못한 변수와 상황은 언제든 발생할 수 있습니다. 이러한 인식은 우리에게 겸손을 가르칩니다. 오만함을 버리고, 모든 것이 자신의 통제하에 있지 않음을 인정하는 태도는 영적인 성숙의 시작점입니다. 미래에 대한 불안과 염려 대신, 현재에 집중하고 매 순간을 소중히 여기는 삶의 태도를 갖추게 합니다.

신의 주권과 섭리

내일을 알지 못한다는 것은 동시에 신의 주권을 인정하는 행위입니다. 우리의 삶은 우리가 예상하는 대로 흘러가지 않을 수 있지만, 이는 더 큰 섭리 안에서 움직이고 있을 수 있다는 의미입니다.
신은 우리가 알지 못하는 방식으로 우리의 길을 인도하며, 때로는 우리가 이해할 수 없는 고난과 역경을 통해 우리를 성장시키기도 합니다. 이러한 믿음은 미래에 대한 막연한 두려움을 넘어서, 신에 대한 신뢰와 의지를 키우는 데 도움을 줍니다.

현재에 충실한 삶

내일을 알 수 없기에, 우리는 오늘이라는 시간에 더욱 충실해야 합니다. 어제의 후회나 내일의 걱정에 얽매이지 않고, 지금 이 순간에 주어진 삶을 온전히 살아내는 것이 중요합니다. 이는 게으르거나 무계획적인 삶을 의미하는 것이 아닙니다. 오히려 매 순간 최선을 다하고, 주어진 역할과 책임을 다하며, 사랑과 감사함으로 현재를 채워나가는 삶의 방식입니다. 이러한 삶은 예측 불가능한 미래 속에서도 우리에게 평안과 만족을 가져다줍니다.

영적 성장과 변화

내일의 미지를 받아들이는 것은 우리를 영적인 성숙으로 이끌어갑니다.

- 내려놓음: 우리는 통제할 수 없는 것을 내려놓는 법을 배웁니다. 이는 집착에서 벗어나 자유로워지는 경험입니다.
- 믿음: 불확실성 속에서도 더 큰 존재에 대한 믿음을 키워나갑니다.
- 적응력: 변화에 유연하게 대처하고, 새로운 상황에 적응하는 능력을 기르게 됩니다.
- 감사: 현재 주어진 것에 감사하며, 작은 것에서도 기쁨을 찾을 수 있는 마음을 갖게 됩니다.

내일 일을 알지 못한다는 고백은 우리에게 불안감을 주기 위함이 아니라, 오히려 깊은 영적인 깨달음을 통해 더욱 평화롭고 의미 있는 삶을 살아가도록 인도하는 지침이 됩니다.

우리는 알 수 없는 미래 앞에서 겸손히 현재를 살아가며, 더 큰 섭리를 신뢰하는 지혜를 얻을 수 있습니다. 오늘, 이 하루도 성령님의 세미한 음성을 듣고 그 말씀에 순종하는 거룩하고 신실한 주님의 신부가 되시기를 축복합니다.

말세에 나타난 사탄의 계략

벧전 5:8,
근신하라 깨어라 너희 대적 마귀가 우는 사자 같이 두루 다니며 삼킬 자를 찾나니 너희는 믿음을 굳게 하여 저를 대적하라.

사탄(마귀)이 우리에게 다가오는 목적은?
요 10:10, 도적 (사탄.마귀)이 오는 것은 도둑질하고 죽이고
멸망시키려는 것 뿐이요."

예수님이 우리에게 오신 목적은
요 10:10, 내(예수)가 온 것은 양으로 생명을 얻게 하고
더 풍성히 얻게 하려는 것이라."

지금도 보좌 우편에서 우리를 위해 간구하시는 예수님!
눅 22:31~32, "시몬아 시몬아 보라 사단이 밀 까부르듯 하려고
너를 청구하였으나 그러나 내가 너를 위하여
네 믿음이 떨어지지 않기를 기도하였노니
너는 돌이킨 후에 네 형제를 굳게 하라."

사탄. 마귀는 자기 때가 얼마 남지 않음을 알기에
수단과 방법을 가리지 않고 믿는 자 한 사람이라도
더 유혹하고 위협하여 지옥으로 끌고 가려고

우는 사자처럼 시시때때로 삼킬 자를 찾고 있는 시대라

우리를 삼키려는 사단의 전략은?
하나님 보다 자기를 더 사랑하게 합니다, 지금의 사람들은 사단에게 미혹을 받아 오직 자기만을 위하여 생각하며 행동하며 자기 만족을 위하여 계획을 세우고 허사를, 돈을 하나님 보다 더 사랑하게 합니다.
딤후 3:2, "돈을 사랑함이 일만 악의 뿌리가 되나니 이것을 사모하는 자들이 미혹을 받아 믿음에서 떠나 많은 근심으로서 자기를 찔렀도다."

자긍하며 교만하게 하며 훼방하게 합니다.
자긍한 자, 교만한 자, 훼방한 자는 패망의 선봉자가 됩니다.
부모를 거역하게 합니다. 부모를 공경하면 범사에 잘 되고 장수의 복을 받습니다.

범사에 감사하는 마음을 빼앗고 불평과 원망을 하게 합니다
살전 5:16~18, 항상 기뻐하라 쉬지 말고 기도하라 범사에 감사하라 이는 그리스도 예수 안에서 우리에게 행하신 하나님의 뜻이니라."

진리이신 예수 그리스도의 복음을 우상종교와 어두운 영과 통합시키려 합니다. 우매한 교회 지도자들을 지금 삼키고 있습니다.
이로서 사탄에게 사로잡힌 우매한 목사들과 무지한 장로들과 무지한 교인들이 하나님께 통회 자백하여 눈물로 회개하지 않으면
하나님의 맹렬한 심판을 받게 될 것입니다.
지금은 교단보다도 성령의 역사로 사는

자기 자신의 믿음이 중요한 시대입니다.
이 악한 시대에 성령 충만 받아서 분별력을 갖고
말씀 위에 굳게 서서 남은 자의 삶을 살아갑시다.
불의와 불법이 난무한 현실을 직시하여 보고
이 나라 장래와 우리 후손들을 위해 눈물로 기도하며
불의와 불법에 항거하여 가슴치며 외치는 분들을 소리.
마 10:28, 육을 죽이는 자를 두려워하지 말고 영과 육을 아울러 멸하실 하나님을 두려워하라."

사악한 악영들은 하나님께서 동성애를가장 혐오스럽게 여겨
소돔과 고모라성을 유황불로 심판했던 동성애를 합법화하려고
권모술수를 쓰고 있으며 동성애 축제를 공공장소에서 대대적으로 행하고 있음이라
그 결과로 이 나라 이 민족이 후천성면역결핍증(에이즈 병)과
각가지 병원체로 스스로 멸망을 자초하고 있음이라 사탄 마귀는
우리로 하여금 불결하게 하며 참소하며 사납게 합니다.
매사에 절제하지 못하게 합니다.
배반하여 팔며 조급한 마음을 갖게 합니다.
원한을 품고 그 원한을 갚게 합니다.
쾌락을 하나님 사랑하는 것보다 더 좋아하게 합니다.
경건의 모양은 있으나 경건의 능력은 부인하게 합니다.
말씀의 분별력을 어둡게 합니다.
명예 권세에 미혹되어 불의와 불법을 행하게 한다.
이런 것들이 말세를 사는 우리에게 마귀 사탄이 놓아둔 무서운 올무

요 덫입니다.

말세를 사는 성도들의 결단은?
딤후 3:5, "이 같은 자들에게서 네가 돌아서라."

늘 깨어서 마귀의 올무에서 벗어나
하나님께 사로 잡힌 바 되어 하나님의 뜻을
좇아 살아야 합니다.
딤후 2:1, 진리의 말씀을 옳게 분별하며, 부끄러울 것이 없는 일군으로 인정된 자로 자신을 하나님 앞에 드리기를 힘쓰라."

주의 날을 대비하라
벧전 5:4, "형제들아 너희는 어두움에 있지 아니하매 그 날이 도적같이 너희에게 이르지 못하리니 너희는 다 빛의 아들이요 낮의 아들이라 우리가 밤이나 어두움에 속하지 아니하나니 그러므로 우리는 다른 이들과 같이 사망의 잠을 자지 말고 오직 깨어 근신할지라 우리는 낮에 속하였으니 근신하여 믿음과 사랑의 흉배를 붙이고 구원의 소망의 투구를 쓰자."

벧전 3:10~14, 주의 날이 도적 같이 오리 그 날에는 하늘이 큰 소리로 떠나가고 체질이 뜨거운 불에 풀어지고 땅과 그 중에 있는 모든 일이 드러나리로다 이 모든 것이 이렇게 풀어지리니 너희가 어떠한 사람이 되어야 마땅하뇨 거룩한 행실과 경건함으로 하나님의 날이 임하기를 바라보고 간절히 사모하라 우리는 그의 약속대로 의의 거하는바 새 하늘과 새 땅을 바라보도다 그러므로 사랑하는 자들아 너희가 이것을 바라보나니 주 앞에서 점도 없고 흠도 없이 평강 가운데서 나타나기를 힘쓰라."

주께서 다시 오실 날이 더욱 가까워졌습니다.

오! 주 예수여, 이처럼 험악한 세상에서
주의 뜻을 알아 이루며 악한 사탄 마귀의
간교한 유혹을 물리치고 이 시대를 분별하게 하시고
지혜의 성령의 능력의 역사로 사망의 잠에서 깨어있게 하시고 무시로
범한 죄와 허물을 눈물로 회개하며 다시 오실 영광의 주를 소망 중에
간절히 사모하며 복음을 위하여 죽도록 충성하고 열매 맺는 일에 열
심하며 끝까지 믿음으로 승리하게 하옵소서..

주여! 저의 마음에 수시로 들어와 마음과 생각을 유혹하여
순간마다 범죄하게 하는 사탄 마귀를 대적할 큰 믿음과 날마다 싸워
이길 능력을 주소서
오, 주 예수여!
내가 주님 보좌 앞에 승리자로 찬송하며
영광스러운 모습으로 설 수 있기를 소원합니다.

주의 종들은 교회와 나라의 파수꾼으로
교회와 나라가 위경에 처할 때 잠자는 백성을 일깨우는 경고의 나팔
을 불어야 합니다.
성도들이여! 이 나라 백성들이여! 이 나라를 위해 깨어 일어나 함께
기도하고 나아갑시다
이길 힘을 주실 하나님께 감사와 찬양을 드립시다.
동해물과 백두산이 마르고 닳도록 하나님이 보우하사 우리나라 만
세!!

이기는 자

계 3:12,
이기는 자는 내 하나님 성전에 기둥이 되게 하리니 그가 결코 다시 나가지 아니하리라 내가 하나님의 이름과 하나님의 성 곧 하늘에서 내 하나님께로부터 내려오는 새 예루살렘의 이름과 나의 새 이름을 그이 위에 기록하리라.

'이기는 자'는 요한계시록에 자주 등장하는 중요한 개념입니다. 이 단어는 단순히 싸움에서 승리하는 것을 넘어, 영적인 싸움에서 믿음을 굳건히 지키고 궁극적으로 구원에 이르는 성도를 의미합니다.

- 세상을 이기는 믿음: 요한일서 5:4-5은 **"무릇 하나님께로부터 난 자마다 세상을 이기느니라 세상을 이기는 승리는 이것이니 우리의 믿음이니라 예수께서 하나님의 아들이심을 믿는 자가 아니면 세상을 이기는 자가 누구냐"**라고 말씀합니다. 즉, 예수를 그리스도로 믿는 믿음이 세상을 이기는 힘입니다.

- 핍박과 시험을 견딤: 이기는 자는 환난과 핍박 가운데서도 믿음을 저버리지 않고 굳건히 서 있는 사람입니다. 요한계시록은 여러 교회들에게 닥친 어려움 속에서 인내하고 믿음을 지킨 자들에게 약속된 상을 강조합니다.

- 죄와 악을 극복: 이기는 자는 자신의 내면의 죄의 유혹과 세상의 악한 세력을 말씀과 성령의 능력으로 극복하는 사람입니다.

- 하나님의 약속을 상속받음: 요한계시록 21:7은 **"이기는 자는 이것들을 상속으로 받으리니 나는 그의 하나님이 되고 그는 내 아들이 되리라"**고 약속합니다. 즉, 끝까지 믿음을 지킨 자는 하나님의 모든 복을 누리게 됩니다.

- 예수 그리스도와의 연합: '이기는 자'는 단순히 개인의 힘으로 이기는 것이 아니라, 예수 그리스도를 믿음으로 그분과 연합하여 그분의 능력으로 승리하는 자를 의미합니다. 예수님 자신이 세상을 이기셨고(요 16:33), 믿는 자들에게도 이길 힘을 주십니다.

요한계시록에서의 '이기는 자':

요한계시록 2-3장에 나오는 일곱 교회에 보내는 편지에는 각 교회마다 "이기는 자에게는 …"이라는 약속이 주어집니다. 이 약속들은 각 교회가 직면한 특정한 어려움과 관련되어 있지만, 궁극적으로 모든 성도에게 적용될 수 있는 영적인 원리를 담고 있습니다. 예를 들어, 생명나무의 열매를 먹게 하거나, 둘째 사망의 해를 받지 않게 하거나, 흰 돌과 새 이름을 받는 등의 약속이 있습니다.

결론적으로, 성경에서 '이기는 자'는 예수 그리스도를 믿는 믿음으로 세상과 죄와 핍박을 극복하고 하나님의 약속을 상속받는 성도를 의미합니다. 이는 특별한 소수의 성도에게만 해당되는 것이 아니라, 진실한 믿음을 가진 모든 그리스도인들이 추구해야 할 삶의 모습입니다.

세상을 이기신 예수 그리스도께서 모든 시험을 믿음으로 이긴 자에게 주신 영광과 복. 세상을 이기신 예수 그리스도에게 붙어있는 성도는 반드시 이기도록 되어있습니다.

요 16:33, " … 세상에서는 너희가 환난을 당하나 담대하라 내가 세상을 이기었노라."

롬 8:18, 생각건대 현재의 고난은 장차 우리에게 나타날 영광과 비교할 수 없도다."

세상의 시험과 유혹에서 이긴 자에게 주시는 복

낙원의 생명과를 먹게 하리라.
계 2:7, "이기는 그에게는 내가 하나님의 낙원에 있는 생명나무의 과실을 주어 먹게 하리라."

둘째 사망의 해를 받지 않게 하리라.
계 2:11, "이기는 자는 둘째 사망의 해를 받지 아니하리라."

만국을 다스리는 철장권세를 주고 샛별을 주리라
계 2:26-28, "이기는 자와 끝까지 내일을 지키는 자에게 만국을 다스리는 권세를 주리라 그가 철장을 가지고 저희를 다스려 질그릇 깨뜨리는 것과 같이 하리라."

내가 또 그에게 샛별을 주리라.

흰옷을 입혀 주고 이름을 생명책에 기록하여 주고
아버지와 천사들 앞에서 시인하여 주리라.

계 3:5, "이기는 자는 이와 같이 흰옷을 입을 것이요 내가 그 이름을 생명책에서 반드시 흐리지 아니하고 그 이름을 내 아버지 앞과 천사들 앞에서 시인하리라."

성전의 기둥이 되게 하리라.
계 3:12, 이기는 자는 내 하나님 성전에 기둥이 되게 하리니 그가 결코 다시 나가지 아니하리라 내가 하나님의 이름과 하나님의 성 곧 하늘에서 내 하나님께로부터 내려오는 새 예루살렘의 이름과 나의 새 이름을 그의 위에 기록하리라."

예수님의 보좌에 함께 앉게 하리라.
계 3:21, "이기는 그에게는 내가 내 보좌에 함께 앉게 하여 주기를 내가 이기고 아버지 보좌에 함께 앉은 것과 같이 하리라."

예수님의 상에서 함께 먹고 마시게 하리라.
눅 22:28~30, "너희는 나의 모든 시험 중에 항상 나와 함께 한 자들인즉 내 아버지께서 나라를 내게 맡기신 것 같이 나도 너희에게 맡겨 너희로 내 나라에 있어 내 상에서 먹고 마시며 또는 보좌에 앉아 이스라엘 열두 지파를 다스리게 하려 하노라."

지금도 하늘 보좌에서 우리의 믿음 떨어지지 않도록
기도하여 주신 예수 그리스도의 사랑
눅 22:31-32, "시몬아, 시몬아, 보라 사탄이 너희를 밀 까부르듯 하려고 청구하였으나 그러나 내가 너를 위하여 네 믿음이 떨어지지 않기를 기도하였노니 너는 돌이킨 후에 네 형제를 굳게 하라."

주님께서 다시 오실 때 칭찬과 영광과 존귀를 얻게 하리라.
벧전 1:5-7, "너희는 말세에 나타내기로 예비하신 구원을 얻기 위하여 믿음으로 말미암아 하나님의 능력으로 보호하심을 받았느니라 그러므로 너희가 이제 여러 가지 시험으로 말미암아 잠깐 근심하게 되지 않을 수 없으나 오히려 크게 기뻐하는도다. 너희 믿음의 확실함은 불로 연단하여도 없어질 금보다 더 귀하여 예수 그리스도께서 나타나실 때에 칭찬과 영광과 존귀를 얻게 할 것이니라."
벧전 1:9, "믿음의 결국 곧 구원을 받음이라."

우리에게 승리를 주신 하나님께 감사하자.
고전 15:57-58, "우리 주 예수 그리스도로 말미암아 우리에게 승리를 주시는 하나님께 감사하노니 그러므로 내 사랑하는 형제들아 견실하며 흔들리지 말고 항상 주의 일에 더욱 힘쓰는 자들이 되라 이는 너희 수고가 주 안에서 헛되지 않은 줄 앎이라."

환난과 시험에서 끝까지 견디는 자에게 구원을 얻게 하심
마 24:13, "그러나 끝까지 견디는 자는 구원을 얻으리라."

이에, 주 앞에 점도 흠도 없이 평강 가운데 나타나기를 힘씁시다.
벧후 3:13-15, "우리는 그의 약속대로 의가 있는 곳인 새 하늘과 새 땅을 바라보도다 그러므로 사랑하는 자들아 너희가 이것을 바라보나니 주 앞에서 점도 없고 흠도 없이 평강 가운데서 나타나기를 힘쓰라 또 우리 주의 오래 참으심이 구원이 될 줄로 여기라."

주님의 순결한 신부들이여!
주께서 다시 오실 때가 가까워졌음을 깊이 깨닫고 깨어있어 주의 날을 늘 사모하며 기다리며 슬기롭고 지혜롭고 아름답게 기름과 등불을 충만히 잘 준비하시다.

영광의 주께서 영광 가운데 재림하셔서 순결한 신부를 부르실 그날에 우리 모두 함께 하나님의 보좌 앞에서 기쁨으로 만납시다.

하나님께 감사하며 찬양하며 경배를 드리며 세세토록 영광을 돌리며 예수 그리스도와 함께 영원히 영광을 누리며 살아갑시다.